飯田 豊
Yutaka Iida

メディア論の地層

1970大阪万博から
2020東京五輪まで

勁草書房

はじめに

カナダ出身の英文学者で文芸批評家のマーシャル・マクルーハン（McLuhan, M.）は、何らかの技術的手段によって人間の身体能力を拡張するもの、そのすべてをメディアと捉えた（McLuhan 1964＝1987）。一九六〇年代に世界的な注目を集め、各国の放送業界や広告業界などを巻き込んで一世を風靡したが、そのブームはわずか数年で終息した。そして、「ニューメディア」や「マルチメディア」にもとづく高度情報化社会の到来が謳われた八〇年代なかば以降、マクルーハンのメディア理解は、もっぱらマスメディアを分析の対象としてきたマス・コミュニケーション研究の限界を克服するものとして、大いに歓迎された。日本語で「メディア論」といえば、マクルーハンが提示した視座を再発見した学問として了解されることが多い。

より厳密にいえば、アメリカを中心とするマス・コミュニケーション研究の世界的隆盛に対して、ドイツのフランクフルト学派、カナダのトロント学派（マクルーハンのメディア論を含む）、イギリスのバーミンガム学派（＝カルチュラル・スタディーズ）といった複数の知的水脈が互いに混ざり合い、日本では九〇年代になって初めて、「メディア論」の輪郭がはっきりと現れてくる。[1]

しかしながら、これらと通底するようなメディア論的思考は、戦後日本の知的伝統のなかにも見出すことができる。たとえば、日本では戦後、アメリカ型のマス・コミュニケーション研究が制度的に確立していくが、戦前から戦中にかけて独自に発展した「新聞学」、戦争の経験や戦後民主主義などを背景として、日本の土壌に適したやり方でこれを批判的に咀嚼しようとする試みもあった。たとえば南博は、一九四一年から四七年までアメリカで心理学を学び、社会心理学をいち早く日本に紹介した反面、その歴史的文脈の欠如を批判し、計量的分析と歴史的分析の両方が重要であることを指摘した。南はその後、鶴見和子や鶴見俊輔を中心とする「思想の科学研究会」などと関わりながら、大衆文化研究や日本人研究の旗手として活躍した。

マクルーハンと同じ頃、新しいメディアとしてのテレビの可能性を日本でいち早く論じたのは、社会学者の加藤秀俊である（加藤 1958a; 1965）。加藤はそれに先立って五〇年代、奈良県の村落で三世代家族に対する観察調査をおこない、家庭におけるマス・コミュニケーションの受容過程について民族誌的な分析を試みている（加藤 1958b）。加藤の調査を先例のひとつとして、日本では一時期、テレビ受像機を受け入れる「茶の間」のあり方を分析した研究が少なくなかったが、これらは、カルチュラル・スタディーズにおけるオーディエンス研究のアプローチを先取りしていたともいえる。

また、一九七〇年に大阪で日本万国博覧会が開催されることになり、小説家の小松左京、生態学者で民族学者の梅棹忠夫、加藤秀俊たちが一九六四年に立ち上げた「万国博を考える会」が契機となり、日本では「未来学」が大きなブームになった。梅棹はそれに先立って、「放送人の誕生と成長」（一九六一年）、「情報産業論」（一九六三年）といった論考を相次いで発表しており（梅棹 1988→1999）、こうした動きが、日本独自の未来志向的な情報社会論の基層を成していった。

そして大阪万博の準備期間は、マクルーハンが最も精力的に言論活動を展開していた時期とも一致している。これをビジネスに応用しようという啓発的な動きと、あくまで学術的な議論にとどまろうとする動きとの対立に加えて、万博に関わっていた建築家や美術家のあいだでは、「環境」や「触覚」といった概念に対する関心と相まって、マクルーハンの思想がいち早く受容されていた。

建築家の磯崎新もそのひとりである。

> 企業が、あるいは都市を構成する要素がそれをとりまく外界へ送る信号が広告だとすれば、かぎりなく細分化し、あらゆる媒体が発明されていく。広告塔があり、看板ができ、ネオンサインとなり、出版物、テレビが動員される。発信の根拠地が都市内のある地点に存在したとしても、広告としての通信は無限にひろがって、都市空間に浸透する。それは「瞬間的に」（マクルーハン）全体をおおう。［…］都市空間はこのような電気的媒体の錯綜する網目で埋められている。（磯崎 1971→2017: 411–412）

磯崎は一九六七年に著した「見えない都市」のなかでこのように語っている。六〇年代の磯崎は、大阪万博の準備過程に関わるなかで、近代建築の底流にある技術信仰や予定調和とは異なるかたちで、新しいテクノロジーの可能性を徹底的に追究していくことに関心を向けていった。それゆえ磯崎の思想と実践はおのずと、都市論とメディア論が交叉する位相で展開していくことになる。

たとえば磯崎は、みずから編集を手がけた『建築文化』（一九七二年八月号）の特集「情報空間」のなかで、「ピンホールカメラ」「幻灯機」「レコード」「テレビジョン」から、「中世の理想都市」「マンション」「投石機」「原子力ミサイル装置」「仮面ライダー」「人工衛星」まで、「空間を情報的に規定するメディアあるいはモデルのさまざまなタイプ」のテキスト、イラストレーション、写真などをランダムに配置した「カタログ・スタイル」の情報空間論を展開している。これはマクルーハンの「モザイク書法（mosaic writing）」を連想させるし、同誌で公開された磯崎新アトリエ《POST UNIVERSITY PACK》——後年、《COMPUTER AIDED CITY》に改称される——という都市計画案の説明は、『メディアの理解（*Understanding Media*）』（McLuhan 1964＝1987）の引用から始まる。

千葉県の幕張を想定した《COMPUTER AIDED CITY》は、長さ千五百メートル、幅百メートルの規模で都市部をつくり、それに屋根を架けるという壮大なプランだった。幕張埋め立てのマスタープランを作成する動きがあったさい、カウンター・プロポーザルとして提出されたものである。CATVのネットワークによる高度な情報システムが媒介することで、市役所、美術館、図書館、学校、病院といった公共施設がひとつながりの空間に再編成された都市を構想している。各戸にコンピュータ端末を行き渡らせ、有線のネットワークと無線の放送で覆い尽くすという都市計画は、当時としてはあまりにも現実離れしていたが、現在では決して不可能なことではない(2)。

この特集を手がけた意図について、「情報論に関わることは、私にとっては万博について語ることに通じている」という磯崎は、さらに「現代都市が情報化し、そのメディアをつうじた操作がより強化されているのだが、この状況は、六〇年代に考えられたように、バラ色ではない」と続けている（磯崎 1997: 72-73）。不確定な事件が都市の街頭で連鎖していくなかで、磯崎は当時、予定調和的な都市計画に対する違和感を抱いていた。「未来への流れを初源に向かって遡行する」（磯崎 2015: 197）という磯崎のまなざしは、「われわれは未来にむかって、後ろ向きに行進している」（McLuhan and Fiore 1967 = 2015: 77）というマクルーハンの物言いを彷彿とさせるし、テクノロジーの進歩主義を牽制するメディア考古学の視座とも幾分重なってみえるというのは、いささか乱暴な解釈だろうか(3)。一世を風靡したマクルーハンが忘却されてからも、磯崎の思索は都市とメディアのあいだを精力的に横断し続け、日本独自のメディア論の展開と伴走してきたようにみえる。

このように本書『メディア論の地層――１９７０大阪万博から２０２０東京五輪まで』では、とくに一九六〇年代以降の日本でメディア論的思考が覚醒する契機となった出来事、あるいは技術革新や文化現象などに焦点をあてることで、さまざまなメディア論の地層が堆積していく過程を辿る。そのほとんどは、主に大学で体系化されてきた人文知の伝統とは、いくぶん異なる土壌ではぐくまれてきた。少なくともその地質は、英語圏で〝media studies〟や〝media and communication studies〟といった言葉が指し示す学問領域とは必ずしも一致しない。そして既に述べたとおり、一九七〇年の大阪万博はきわめて重要な指標となる。本書では、情報環境のグローバルな変容に鋭敏な芸術家や建築家の創造知、CATVやミニFMなどに魅了された人びとの実践知とも結びついた、メディア論的思考の地脈を探る。デジタル・テクノロジーの発達にともない、「メディア」という言葉が指し示す対象が拡大し、その意味合いが大きく変容している現在だからこそ、歴史的かつ地域的な視座を踏まえたうえで、日本におけるメディア論の射程に光をあててみたい。

本書は四部構成になっており、「メディア論」（＝第Ⅰ部）とその類縁にある「メディア・リテラシー論」（＝第Ⅱ部）、「メディア・イベント論」（＝第Ⅲ部）、「パブリック・アクセス論」（＝第Ⅳ部）の順に、その日本的展開に焦点をあてていく。これは便宜上の区分けに過ぎず、互いに深い関わりがある。とはいえ、全一二章はそれぞれ独立しており、どの章から読んでいただいても差し支えない。

本書が刊行される二〇二〇年二月現在、東京オリンピック・パラリンピックの開催まで半年を切っており、五年後には大阪で再び万博が開催されることが決まっている。今後しばらくのあいだ、五輪や万博に関する歴史的な検証を含めた考察や実践が、ますます活性化していくに違いない。本書がその一助となれば幸いである。

注

（1）詳しくは、水越・飯田・劉（2018）を参照。

（2）ただし、現在のインターネットのような自律分散型のシステムではなく、大型のホストコンピュータを介した中央集権的な都市頭脳を想定していた点において、磯崎は後年、「これは結局何の成果も出ないまま、空中分解してしまった」と自己反省している（磯崎・浅田 1985: 169）。近代社会を成り立たせている一望監視機構《パノプティコン》とまったく同じ構図になってしまっていたというわけである。

（3）メディア考古学を精力的に展開するエルキ・フータモ（Huhtamo, E.）は、たとえば、前例のない技術であるかのように喧伝されるＶＲが強調する「完全な没入」が、人類の歴史を通して何度も繰り返されてきた定型句であると指摘する。さまざまなメディアの正統的な物語の陰に隠され、無視されてきた側面を掘り下げ、「敗者」に見えるものごとの文化的な文脈を知ることのほうが、世に知られた「勝者」の歴史よりも重要であるという。このようなメディア理解によってフータモは、メディアの進歩主義を修正していく。フータモはまた、一九五〇年代から六〇年代におけるアートとテクノロジーの緊密な結びつきのなかにメディア考古学的な関心を向けているが、一九七〇年の大阪万博がその臨界点だったことは言うまでもない。詳しくは、フータモ（2015）を参照。

参考文献

フータモ、E.（2015）『メディア考古学――過去・現在・未来の対話のために』太田純貴訳、ＮＴＴ出版

磯崎新（1971→2017）『空間へ』河出文庫

磯崎新（1997）『手法が――カウンター・アーキテクチュア』鹿島出版会

磯崎新（2015）『日本建築思想史』（インタビュー、聞き手：横手義洋）太田出版

磯崎新・浅田彰（1985）「アイロニーの終焉」（対談）『現代思想』一九八五年八月号

加藤秀俊（1958a）『テレビ時代』中央公論文庫

加藤秀俊（1958b）「ある家族のコミュニケイション生活――マス・コミュニケイション過程における小集団の問

題」『思想』一九五八年二月号
加藤秀俊（1965）『見世物からテレビへ』岩波新書
水越伸・飯田豊・劉雪雁（2018）『メディア論』放送大学教育振興会
梅棹忠夫（1988→1999）『情報の文明学』中公文庫

McLuhan, M.（1964）*Understanding Media: The Extensions of Man*, McGraw-Hill.＝（1987）栗原裕・河本仲聖訳『メディア論――人間の拡張の諸相』みすず書房
McLuhan, M. and Fiore, Q.（1967）*The Medium is the Massage: An Inventory of Effects*, Penguin Books.＝（2015）門林岳史訳『メディアはマッサージである――影響の目録』河出書房新社

メディア論の地層

――1970大阪万博から2020東京五輪まで

目次

目次

III　メディア・イベント論の地層

I　メディア論の地層

第1章　マクルーハン、環境芸術、大阪万博

――一九六〇年代日本の美術評論におけるマクルーハン受容

1　マクルーハニズムの「第三の軸」

日本におけるマクルーハンの紹介は、『放送朝日』一九六六年八月号に掲載された二本の記事、竹村健一「テレビ時代の予言者M・マックルーハン――人物紹介」と後藤和彦「メディア即メッセージ――理論紹介」に始まり、「ビジネスへの応用に傾斜した竹村と、情報文明論的な学術的考察に踏みとどまろうとした後藤とを二本の軸にして展開」されたといわれる。だが、この対立軸とは一線を画して、美術評論家の日向あき子を「第三の軸」として、芸術分野における紹介や考察もおこなわれていた（宮澤 2001: 182-183）。

具体的には、『美術手帖』一九六七年一二月号の特集「マクルーハン理論と現代芸術」が広く知

られている。この特集は、日向あき子の「電気情報時代の芸術――マクルーハンにみるユリシーズ性の回復」を基調論文とし、その付録として「マクルーハンによる環境芸術・過去・現在・未来絵図」という図版が収録されている。また、「マクルーハンの著書ガイド」として、『機械の花嫁』を日向が、『グーテンベルクの銀河系』を東野芳明が、『メディアの理解』を後藤和彦が、『メディアはマッサージである』を宮川淳が、それぞれ解題している。ＮＨＫ総合放送文化研究所の後藤をのぞく三名は、当時いずれも三〇代の美術評論家であった。

しかし、六〇年代の芸術分野におけるマクルーハン受容の経緯については、今日までほとんど顧みられていない。一九八六年に新訳として出版された『グーテンベルクの銀河系』（みすず書房）巻末の文献目録には、「我が国の新聞、雑誌に掲載されたマクルーハン学説に関する記事、論文」が紹介されている（McLuhan 1962＝1986: xxiii–xxiv）が、『美術手帖』や『ＳＤ』におけるマクルーハンの紹介記事はすべて見落とされている。

また、一九七〇年に開催された日本万国博覧会（大阪万博）の準備期間が、マクルーハンが精力的に言論活動を展開していた時期と一致していることも、これまで奇妙にも見過ごされてきた。大阪万博に関わっていた建築家や美術家のあいだでは、「環境芸術」という新しい動向に対する関心と相まって、マクルーハンの思想がいち早く受容されていたようである。たとえば、建築家の磯崎新は後年、次のように振り返る。

六〇年代の後半というのは国際的に、一九二五年から一九四〇年くらいまでの前後一五年くらいに生まれた建築家たちが、スタートした時代ですね。誰がどうなっていくかわからないけれど、みんな同時並行的に動いていた時期でした。今から考えてみると、アートのコンテクストに近かった。もうひとつは、メディアアート的というか、環境というか、当時マクルーハンなんかの影響があったと思います。（磯崎 2007: 195）

こうした動向のすべてを、竹村健一が一九六七年八月に出版した『マクルーハンの世界』を心央とする、いわゆる「マクルーハン旋風」の一部として片付けるわけにはいかない。そこで本章では、六〇年代の日本における芸術分野の文脈で、マクルーハンがどのように受容されていたのか、同時代的理解を試みる。

本章の構成は以下のとおりである。

まず、芸術分野におけるマクルーハン受容の背景として、前衛的な芸術表現を取り巻く動向に加えて、来るべき大阪万博の存在が強く影響していたことを確認する。先行研究を概観すれば、北米におけるマクルーハンと環境芸術の関係、日本における環境芸術と大阪万博の関係は、いずれも詳細に考察されている。それにもかかわらず、マクルーハン、環境芸術、大阪万博の相互連関については、ほとんど着目されていない（＝第2節）。

そこで次に、マクルーハンにいち早く着目した美術評論の読解を通じて、彼の思想が主に大阪万博を介していかに解釈されたのか、その過程を明らかにする。具体的には、東野芳明、中原佑介、日向あき子のテクストを中心に跡付けることになる（＝第3節）。

周知のように、大阪万博は、戦後日本の科学技術と社会との関係のみならず、日本の学知、英知にとって重要な転換点であった。「マクルーハン旋風」のただなか、社会学者の佐藤毅は「マクルーハン旋風をマッサージする――原像うすれ幻像出現」と難じたが[1]、マクルーハンの大衆化と一線を画して展開された「環境芸術論」は、彼の死後――本格的には九〇年代以降――に精錬されていく「メディア論」[2]の原像をなしていたと考えられる（＝第4節）。

2　環境芸術、大阪万博との相互連関

(1)　堺屋太一によるマクルーハン批判

既に述べたように、大阪万博の準備期間が、マクルーハンが精力的に言論活動を展開していた時期と重なっていることは、これまでほとんど注目されていない。数少ない例外として、作家の堺屋太一が長年にわたって展開したマクルーハン批判が挙げられる。通産官僚として大阪万博の企画に関わっていた堺屋は、退職後、たびたびマクルーハンを厳しく難じている。堺屋は、マクルーハン理論の権威を失墜させたものこそ、一九六七年のモントリオール万博と一九七〇年の大阪万博だったという。

　堺屋によれば、このふたつの万博の準備が進んでいた一九六五年頃、アメリカの研究所などで「マクルーハンの信奉者や弟子たち」が急増し、その最も有力な研究所のひとつが、両万博の入場者予測調査を引き受けることになったという。「この種のものとしては破格の高価格だったが、何しろ当時のマクルーハンの権威からそれ以外は考えられない状況だった」（堺屋 1984: 82）。「権威あるスタッフたち」は、テレビのような「送達型情報メディア」の優位性を一方的に信奉する反面、万博のような「集人型情報メディア」を軽視しており、入場者予測は堺屋たちの想定をはるかに下回っていたという。

私たちはこの調査に反論もした。しかし、アメリカから来た六人の「権威者」と日本側の十人ほどのスタッフは、難解な専門用語とコンピューターの計算表を積み上げて一歩も譲らない。それどころか、マクルーハン大先生の語録を並べて、反論者の時代遅れを指摘するばかりだ。何とも自信満々だったのである。加えて、日本の新聞や学者の多くが、「外国の大先生」を全面的に支持したから、主催者側はますます窮地に陥ったものだ。（堺屋 1984: 83）

　ところが現実には、いずれの万博においても、調査結果を大きく上回る入場者数を達成したことから、マクルーハン理論は敗れ去ったと堺屋は処断するのである。堺屋はマクルーハンの「歴史的考察の欠如」を指摘する。「ごく短期的な傾向だけに捉われ、学問的な研究と分析がないままに、直感だけに頼って、ジャーナリスティックな発言だけを声高に呼ぶ〔原文ママ〕ことに終始していた」（堺屋 1984: 88-89）。マクルーハンの再評価が進んだ現在から振り返れば、こうした批判の鉾先は明らかに、マクルーハン本人に対してではなく、ビジネス指向に偏ったマクルーハニズムに向けられるべきものであろう。

それに対して、大阪万博におけるマクルーハンの影響について、後藤和彦は後年、推測混じりに次のように証言している。

> 大阪万博の前にモントリオール博がありましたけど、関係者はみんな見に行った。堺屋さんも見に行ったんでしょうね。ぼくもモントリオールの万博は、準備してるところに行きましたけど、あれはマクルハーン〔原文ママ〕だったんですね。つまり触覚展示。［…］いろんなものを感じながら触ったりして、触ると何か変わるわけですね。人間のコミュニケーションは触覚であると。だから触覚展示みたいなことをやった。それでデザイナーの人たちが、大阪万博のときも、マクルハーンで行こうみたいな話をしきりとやったんですよ。ぼくも万博の展示の人たちを集めてマクルハーンの話ばっかりしていたんですね。まァ予測が違っているという話だけれども、堺屋さんもあのころしきりとマクルハーンを気にしていた一人だろうと思うんですね。（後藤・中野・森川 1982: 10）(3)

どうやら「触覚展示」とは、今でいう「インタラクティブ・アート」と同義であり、後藤の発言にしたがえば、その代名詞がマクルーハンだったということになる。たしかにチェコ館やカナダ館は、映像作家のスタン・ヴァンダービークが先鞭をつけた「マルチ・プロジェクション」などの先端技術を採用しており、マクルーハニズムに一役買った『Ｌｉｆｅ』誌は、それらを当時、「マクルーハン的ミクスト・メディア」と呼んでいた。

そして後藤自身も当時、「万博の展示の人たちを集めてマクルハーンの話ばっかりしていた」という。日本における「マクルーハン旋風」に危うさを感じていた後藤は六〇年代後半、芸術分野の活字媒体にも積極的に寄稿しているのだが、それらの多くは「環境」の解説に絞られている。一九六七年、『美術手帖』に寄せた『メディアの理解』の解題にも、「ここで論じられていないもので最近のマクルーハンの考え方の中で重要な位置を占めているものといえば、「環境論」があるくらいである」（後藤 1967b: 88）と書き添えるほどだった。

マクルーハンの思想が大阪万博に対して、直截的にどのような影響を与えたのかを検証することは難しい。だが、「環境芸術」という概念を梃子にすることによって、マクルーハンと大阪万博の結びつきが明瞭に浮かび上がってくる。

(2)　マクルーハンと環境芸術――北米の展開

マクルーハンの芸術論における中心的な概念は、言うまでもなく「環境」である。マクルーハンによれば、メディアが環境化することによって、ある時代の現実が形成されるようになると、その影響は不可視なものになる。新しい環境が登場することで相対的に古くなり、目に見えるようになった前の時代の環境（＝「反環境」）を作品として意識化させるのが、芸術の役割に他ならない。そして、エレクトロニクスという新しいテクノロジーの環境が登場してきた現在、環境そのものが芸術として扱われる段階（＝「環境芸術」）に初めて達したのではないかと指摘する。『メディアはマッサージである』の解題のなかで、宮川淳は次のように断言している。

環境とは受動的な包みではなく、アクティブなプロセスであるが、それは眼に見えず、その浸み込んだ構造やパターンはおいそれと知覚されうるものではない。この環境をはっきりと見ることができるのは反社会的タイプ、とくに芸術家である。［…］『機械の花嫁』以来、彼が一貫して主張してきたのは新しい環境をはっきり見ることだったのであり、彼の思想は根本的には《美的な》思想なのである。（宮川 1967: 91）

人間を取り巻く環境そのものを作品と見立てる「環境芸術」は、アラン・カプロー（Kaprow, A.）が五〇年代に創始した「ハプニング」を皮切りに、バックミンスター・フラー（Fuller, B.）やマクルーハンの理論的影響を背景として、モントリオール万博で大きく開花したといわれる。北米におけるマクルーハンと美術界や音楽界の関係については、グレン・グールド（Gould, G.）やジョン・ケージ（Cage, J.）、「サウンドスケープ」概念で知られるマリー・シェーファー（Schafer, M.）

といった音楽家との交流、前衛集団「フルクサス」に対する思想的影響など、既に多くのことが知られている。ビデオ・アーティストのナムジュン・パイク（Paik, N.）が《McLuhan Caged》という作品を制作したのは一九六八年。ジョン・レノン（Lennon, J.）、オノ・ヨーコと一九六九年に面会したエピソードも有名である。

五〇年代なかばにイギリスで登場した「ポップ・アート」以降の芸術運動、とりわけ六〇年代の北米で注目を集めた「ハプニング」「エンバイラメント」「インターメディア」といった概念は、総じてマクルーハンの議論と親和性が高かった(4)。これら一連の趨勢は、芸術分野にエレクトロニクスという技術的手段が導入されたこと、とくに映画やテレビなどに関する装置が採用されたことが決定的に重要だったからである。そして六〇年代末には、ビデオ・アートが本格的に花開いた。

この当時、「環境芸術」をめぐる世界的な潮流として、ニューヨークを拠点とするE．A．T．（Experiments in Art and Technology＝「芸術とテクノロジーの実験」グループ）が代表的だった。美術家のロバート・ラウシェンバーグ（Rauschenberg, R.）、ベル電話研究所のエンジニアだったビリー・クルーヴァー（Kluver, B.）らによって一九六六年に設立され、「産業界に資金面の援助ばかりでなく、制作に必要な素材や設備、さらにエンジニアや科学者の提供を求めて、現代芸術作成のプロセスへの援助を呼びかけること」と、「科学技術分野と芸術分野間における個人レベルでの緊密な共同作業を可能にするということ」が目標に掲げられた（クルーヴァー 1969a: 135-136）。六〇年代末までに世界各地にローカルグループが生まれ、芸術家とエンジニアがそれぞれ一五〇〇人ずつ参加する組織に成長したという。日本人メンバーの中谷芙二子によって日本にもいち早く紹介され、大きな注目を集めた。

> 芸術家はテクノロジーに新しい内容を与え、芸術家―エンジニア共同プロジェクトは芸術とテクノロジーをこれまでのお互いの孤立状態から引き戻し、より深く社会とのかかわり合いを持たせる糸口を与えてくれる。共同制作の成功は、芸術家とエンジニア、科学者がわれわれの未来の環境造りに積極的に働きかける可能性を示すものである。［傍点引用者］（クルーヴァー 1969b: 108）

E.A.T.は大阪万博において、「ペプシ館」のデザインと館内のプログラムを手がけた。ただしスポンサーの通告によって、会期途中で運営からの撤退を余儀なくされる。また、画家の宇佐美圭司は一九六八年、滞在先のニューヨークで開催した個展において、レーザー光線を使用した作品を初めて発表したのだが、その実現にE.A.T.が奔走したという（クルーヴァー 1969a）。その成果は大阪万博において、「鉄鋼館」のライト・インスタレーション《空間装置――エンカウンター'70》に結実した。

(3) 環境芸術と大阪万博――日本の展開

日本における環境芸術と大阪万博の関わりについては、美術評論家の椹木野衣が『戦争と万博』

（二〇〇五年）のなかで詳細に跡付けている。椹木によれば、大阪万博の最初期のプランを手がけた浅田孝こそが、日本で「環境」という概念を世に打ち出した人物であった。浅田が株式会社環境開発センターを設立した一九六一年当時、世間の人びとにとって「環境」とは、まったく聞き慣れない言葉だったという（椹木 2005: 20）。都市計画家で建築家でもある浅田は、一九六〇年に開催された世界デザイン会議の事務局長であり、メタボリズムの結成において主導的役割を果たした。言うまでもなく、メタボリズムのメンバーは、大阪万博の会場計画や建築計画の中核を担うことになる。

「環境」という概念は、六〇年代なかばには、美術界でも広く用いられるようになっていた[5]。椹木によれば、浅田から大きな影響を受けて、建築、都市計画、前衛芸術のあいだを「環境」という概念を橋渡しにして活動していたのが、磯崎新であった。ところが、浅田自身は初期計画に関わっただけで大阪万博から撤退し、万博終了後に再び、跡地利用計画に携わることになる。そもそも土地利用に関する事前の具体的計画なくして、万博の開催自体ありえないとするのが浅田の理念であり、いまさら「跡地利用」という言葉が出てくるのは万博の失策に他ならない。原爆を思考の起点に据える浅田にとって、「建築から環境へ」という問題系は、人類の滅亡という終末論的認識と表裏一体であった（椹木 2005: 21-34）。しかし現実の万博は、モントリオール万博の方法論を踏襲しつつ、多くの若き芸術家たちによって世紀の「お祭り」として演出され、無数の大衆が動員されていった。したがって、六〇年代を通じて浅田が称えた「環境」と、大阪万博で花開く「環境芸術」には、まったく異なる背景があったことになる。

ともあれ六〇年代なかば以降、大阪万博に戦後日本の芸術が向き合うなかで、「環境」が重要なキーワードとして語られるようになっていく。その象徴として知られているのが、一九六六年に「エンバイラメントの会」が銀座松屋で開催した、「空間から環境へ」展である。[6] 総勢三八名のメンバーの中心にいたのが、東野芳明と磯崎新だった。椹木によれば、一九六三年を最後に中止に追い込まれた「読売アンデパンダン」展に代表される、破壊的で無軌道的な前衛芸術に対する反省から、当時、新しい工業素材やテクノロジーを駆使した、合理的で先進的な未来芸術の可能性が希求される風潮があった。

たしかに、「お祭り広場」のための調査・研究を実施した「日本万国博イヴェント調査委員会」には、「エンバイラメントの会」から磯崎をはじめ、秋山邦晴や山口勝弘など、複数のメンバーが参加している。

> 時期的なことも考え合わせると、この委員会は事実上、「環境」というキーワードを後ろ楯に「万博芸術」としての大きな資金力を得て、より広く脱ジャンル的なかたちでに〔原文ママ〕再編成された「エンバイラメントの会」であったといっても、過言ではないだろう。そして、この拡張された「エンバイラメントの会」が打ち出したインターメディア的な共同性によって、「万博芸術の時代」はいよいよその牽引力を獲得し、一九七〇年の万博開催へと向けて、六〇年代芸術のひとつの台風の目になっていくのである。（椹木 2005: 78）

　椹木はさらに、かつて秋山や山口が参加していた「実験工房」（一九五一〜五七年）が、こうした潮流の起点にあると指摘する。実験工房は七年のあいだに、音楽、美術、舞台などを越境したプロジェクトを精力的に展開し、多くの若い芸術家を輩出した。たしかに、実験工房の出身者で大阪万博に関わることになるのは、秋山と山口だけでなく、武満徹、佐藤慶次郎、湯浅譲二、今井直次など、枚挙に暇がない。また、実験工房の名付け親で、まとめ役でもあった瀧口修造が、『空間から環境へ』（『美術手帖』一九六六年一一月号増刊）に巻頭言を寄稿していることも見過ごせない。したがって、実験工房が一九五〇年代初頭、世界に先駆けて打ち出したインターメディア的な先進性こそが、六〇年代なかばに浮上する「環境」概念を橋渡しに、万博芸術の潜在的な起爆力になっていたのではないか、と椹木は指摘している。

　万博における企業展示は当初、あくまで国家的な展示に対して補助的な役割を果たすものに過ぎなかったが、アメリカでは一九三〇年代以降、万博が「国家」と「生産」の博覧会から、「企業」と「消費」の博覧会へと変容を遂げていた（吉見 1992→2010）。その結果、万博において新しい技術を展示するための方法論は、技術開発者が担ってきた「公開実験」から、芸術家による「テクノロジー・アート」に大きく転回していく。(7) こうした万博の構造転換は、瀧口が実験工房を通じて、若き芸術家たちに「実験の精神」を託すにいたった状況認識と共鳴していた。

実験ということが、なぜ現代にとって特に一つの大きな口実になったか、またならねばならないかということが問題である。それにはさきにふれた新しい世界像の変化と同時に、新しいミーディアムが起ったことがあげられる。写真や映画やラジオやテレヴィといった新しいメカニズムの発明がその最もいちじるしいものである。こうした機械芸術の分野を芸術家が開拓するには実験期を経なければならない。ところがここにもう一つの大きな実験の外部的な要因がある。というのは、近代の芸術は多少とも資本主義的な産業組織の軌道に依存せざるをえないのであって、大衆化もそれによって可能とされる。しかし新しいミーディアムの芸術はいちはやく大企業によって利用され、しかもほとんど実験的な過程を経る余裕をあたえられないということだ。ここに大きなディレンマがあり、また実験が特に現代的な相貌を帯びてくる理由がある。（瀧口 1952→1992: 7）

こうした認識は奇しくも、六〇年代における環境芸術の展開、E.A.T. が目指した「実験」の企図を大きく先取りしていた。(8)

もっとも、瀧口は「空間から環境へ」展に寄せたテクストのなかで、「始めに徹底した環境論をかかげて、厳密な計算のもとに作品を持ちより、さらに理想的な会場構成を制作するだけの条件が満たされていたとはいえない」とも述べている（瀧口 1966: 2）。芸術分野における実践思想および批評言語としての「環境論」の輪郭は、いまだ明瞭でなかった。ここから大阪万博にいたる過程で、

「環境論」は練り上げられていくことになるのだが、次節で述べるように、そのなかでマクルーハンが果たした役割はきわめて大きかったと考えられる。

3　「環境芸術論」から「メディア論」へ

(1)　「前衛芸術」と「環境芸術」の架橋――東野芳明

美術評論家の東野芳明は、一九六六年四月にニューヨークのジューイッシュ美術館で開催された「プライマリー・ストラクチャーズ」展に影響を受けて、同年九月、東京・日本橋の南画廊で「色彩と空間」展を企画した。この展覧会には、建築家の磯崎新のほか、「読売アンデパンダン」展の常連だった三木富雄、田中信太郎、山口勝弘などが出展している。一一月に開催された「空間から環境へ」展はその影響下にあり、美術界に「環境」という概念、「発注芸術」という傾向が強く打ち出されるきっかけになった。

東野は一九五四年、『美術批評』の第一回新人評論募集に「パウル・クレエ試論」で一席を受賞し、評論家としてデビューを果たした。審査員の瀧口修造が東野を推挙し、その後、東野は瀧口に私淑することになる。瀧口は一九五八年、ヴェネツィア・ビエンナーレのコミッショナーとして渡欧するが、東野は副コミッショナーとして随行した。先に帰国した瀧口と別れて、東野は翌年、ニューヨークに滞在する。ネオダダに代表されるアメリカの美術運動の薫陶を受けた東野は、帰国後、卓越した国際性を備えた評論家として活躍していた。ラウシェンバーグやジャスパー・ジョーンズ（Jones, J.）を日本にいち早く紹介したのも東野である。

瀧口が巻頭言を寄せた『空間から環境へ』には、東野と磯崎の対談が掲載されている。このなかで東野は、美術における「環境」という概念を説明するために、いち早くマクルーハンに言及している。

［東野］われわれを囲んでるほんとうの「環境」というものは、マックルハーン〔原文ママ〕の「マスメディアはメッセージだ」という有名なことばがよくあらわしている。いままではメディアをとおしてなんかを言った内容がメッセージだったのだけれども、いまはメディアそのものがメッセージだという。その一種の具体的な例と思われるものがポップアートに、出ているように思う。リヒテンシュタインは新聞の漫画を持ってくる。ワーホールがジャクリーヌ・ケネディやマリリン・モンローをもってくる。［…］これはみんなマス・メディアの虚像ですよね。［…］むろんポップアート自身は作品で環境をつくるものではないけれども、われわれの〈虚〉の環境を派手やかにどきつく反映しているように思う。（東野・磯崎 1966: 103）

東野はマクルーハンについて詳しく述べていないが、この『空間から環境へ』には別途、後藤和彦による「エレクトロニクス時代の環境――マックルーハンのコミュニケーション論」という短い文章が収録されている。「最近ようやくわが国にも紹介されだしたカナダのコミュニケーション学者マーシャル・マックルーハンにおける「エンバイラメント」概念について、ということだが……」（後藤 1966: 106）という書き出しで始まり、マクルーハンによる「コミュニケーション」と「メディア」の捉え方が示されたうえで、第2節で述べたような、「環境（エンバイラメント）」の概念が簡潔に解説されている。

さらに、ふたりの対談の話題は大阪万博に及んでおり、東野から磯崎に対して、それを「環境」の大実験にしてほしいと言っている。

［東野］最後に、君はいま一九七〇年の大阪の万国博覧会のマスター・プランをやっているそうですが、これこそ「環境」の大実験にしてほしいな。

［磯崎］賛成だな。なんか今度の万国博で、もしなんか問題が出てくるとしたら、いま僕らがここで議論したような、新しいイメージの提出のしかたというか、つまり表現方法なり、それをするさっきの媒体なりをこちらで開発して、それでむしろ表現するもの自体も変えてしまうような、そういうチャンスがこういうことを契機になされていったら、社会的にも非常に大きな問題になる可能性があるのではないかと思うのです。［…］環境的な芸術を作っていくうえでの、ものすごく大きな実験ができる可能性が、もしかするとあるかもしれない。それをぜひ、なんとか実現する方向にもっていけたらと思っていますが。

［東野］それはすばらしいな。［…］今度「エンバイラメントの会」をつくったのも、今度の展覧会の一回だけで終っちゃうのじゃなくて、発展させてゆきたい。あなたがやってる万国博覧会などを頂点に目ざして、こういうなんとも言えない「環境」といった試みを、そのなかに盛り込んでいくということになったら、ほんとうにいいと思いますね。（東野・磯崎 1966: 105）

翌一九六七年の日本には「マクルーハン旋風」が吹き抜け、「環境」という概念が人口に膾炙することとなった。その年末、東野は次のように発言している。

「空間から環境へ」展から、モントリオール万国博まで、今年の話題は、〝環境〟という、何やら魔術的で、何やら真新しい言葉に世界中がふりまわされた一事にあった。活字文明の終焉を予言し、エレクトロニクスによる新しい「環境的」なコミュニケーションの恢復を唱えるマクルーハンが、ビジネスマンのハウ・ツー物として大流行したのも今年の話題だが、マクルーハンが現代芸術に投げかける深刻な問題は、これも来年に持ちこさなければなるまい。（秋山ほか 1967: 57–58）

ちょうど同じ頃に出版された『マクルーハン――その人と理論』のなかで、東野は数年後に迫った大阪万博を念頭に、マクルーハンの芸術論を日本の状況に敷衍している。大前正臣、後藤和彦、佐藤毅、東野芳明の四名によって書かれたこの本は、何よりもまず、「マクルーハン旋風」に対する批判の書であり、さらに「マクルーハニズムのイデオロギー的機能」（後藤 1967a: 75）を問うてもいた。

この本のなかで東野は、環境芸術を実践するE．A．T．に対して、「エレクトロニクスに象徴される新しいテクノロジーこそ、人間の真のコミュニケーションの強力なメディアであると考え、積極的にこのメディアを表現の武器に使おうというグループであって、この点で、きわめてマクルーハン的」と評している（東野 1967b: 275）。さらに、「空間から環境へ」展を開催した「エンバイラメントの会」を日本における環境芸術として紹介したうえで、環境芸術の「大実験場」としての大阪万博に、改めて期待を表明するのである。

一九六七年のモントリオール万国博覧会は、まさに、新しいテクノロジーと結びついた「環境芸術」の大実験場であったといってよい。［…］「地球はエレクトロニクスによって縮められて一つの村落となった」との臨床例が、これほど鮮やかに具体的な形で、ひとつの場所で示されたことはかつてなかったといってよい。このエレクトロニクス時代の新しい叫喚は、おそらく、一九七〇年の大阪での万国博覧会に、一層強められ、展開した形でうけつがれてゆくことだろう。そこでは、芸術家が、さらに明確に、「コントロール・タワー」の位置につき、新しいテクノロジーから思いもかけぬ可能性をひき出してくることになってほしいと思われる。（東野 1967b: 276-277）

このようにマクルーハンを介して、モントリオール万博から大阪万博に「環境芸術」の実験場としての水路付けがなされている。その一方、東野は赤瀬川原平の「模造千円札」裁判に触れ、日本における前衛芸術の現況にマクルーハンの芸術論を敷衍している。

赤瀬川は一九六三年、千円札の印刷物を加工した作品を「読売アンデパンダン」展に発表したことで、一九六五年に通貨及証券模造取締法違反で起訴される。一九六七年六月に東京地裁で執行猶予付きの有罪判決を受け、翌月に控訴したところであった。この裁判では瀧口修造をはじめ、美術評論家の中原佑介などが特別弁護人として出廷し、前衛芸術の現況を説いて赤瀬川を擁護した。東野によれば、中原の弁論は「いまにして思えばきわめてマクルーハン的」（東野 1967b: 261）だったという。それは次のようなものだった。

ポップ・アートに典型であるような、ポスターとか色刷りマンガとか写真、パッケージなどが、絵画の題材として姿をあらわすようになったのは、それらが氾濫して、われわれの生活がそのなかにとっぷりと浸かっているからでなく、われわれがそれらに醒めはじめたことのあらわれと思われる。つまり、印刷物に酔うのでなく、醒めるのである。［…］赤瀬川のつくった「模型千円札」は、実物に一見似ていながら、ほんものそっくりであることを巧妙に拒否することによって、われわれを紙幣にたいして醒めさせるというものである。そして、こう「醒めた意識」はわれわれわれが印刷物に距離を抱きはじめたことに根ざしている。私が「歴史性」というのは、こういう距離感は時代の推移と密接に結びついているという意味である。（中原 1967b: 69）

この弁論を東野は次のように解釈する。

ここで中原がいおうとしていることは、紙幣をはじめ、すべての印刷物が、もはや、われわれをとりまく「環境」でなくなり、「距離感」を抱かせる、目に見える古い環境となったということだろう。マクルーハン流にいえば、それは、テレビを象徴とする、エレクトロニクスのテクノロジーが、われわれの新しい環境となったからであり、活字印刷の現代版ともいえる印刷物、つまりは機械時代の産物である印刷物は［…］「遠くから山を眺めるように」芸術の内容として登場してきたのである。［…］「印刷テクノロジーの基礎があってはじめて成立する兌換紙幣」（マクルーハン）を赤瀬川があえて、古い環境として、芸術作品の「内容」となったこと自体、慣習的な社会通念への激烈な批判であった。（東野 1967b: 262）

後述するように、中原は既にこの頃、マクルーハンに言及した論文を発表していたことから、実際にマクルーハンを念頭に置いて用意された弁論であった可能性が高い。

ここで想起しておきたいのは、『美術手帖』のマクルーハン特集に揃って寄稿している東野芳明と宮川淳のふたりが、一九六四年に生じた「反芸術」論争の当事者だったことである。一九六〇年の「読売アンデパンダン」展に出展されていた工藤哲巳の作品を東野が「反芸術」と呼び、従来の芸術行為と積極的に区別しようとしたことに対して、宮川はあくまで芸術概念に内在する二元論であると捉え、芸術と非芸術の境界を最終的に無化する「日常性への下降」（宮川 1964）を看取した。

東野が命名した「反芸術」、宮川が指摘する「日常性への下降」の対立は、マクルーハンのいう「環境／反環境」と照応している。そして、既に求心力を失いつつあった前衛芸術を、「環境」という概念を用いて擁護した東野だからこそ、その当事者たちによって、環境芸術（＝万博芸術）の嚆矢と位置づけられる「色彩と空間」展を実現できたのではなかったか。磯崎は、「反芸術」論争によって「東野たちの、いわば日本的なアヴァンギャルド理解の浅薄さみたいなものが見えてきた」（磯崎 2007: 190–191）と言う反面、次のように当時を振り返っている。

> 僕はこの展覧会が万博アートへの転換点だと思っているんです。それは本当に一瞬の話ですが、メンバーは「反芸術」やってたときと同じですよ（笑）。（磯崎 2004: 108）

東野が美術出版社の第一回新人評論募集で一席となった翌年、一九五五年の第二回芸術評論募集の一席を受賞したのが中原佑介、さらに第四回の一席が宮川淳、佳作が日向あき子であり、いずれも瀧口が審査員として参加している。光田由里が指摘するように、「新進批評家」と呼ばれた東野や中原は、画壇追随的な美術評論の旧弊に批判的であり、前衛陣営に批評のまなざしを向けた瀧口の方向性を継いでいたといえる（光田 2006: 40）。芸術分野において真っ先にマクルーハンを読んだのは、ポップ・アート以降のアメリカ美術に言及しなくなった瀧口に代わって、卓越した国際性を武器に、前衛の行方に関心を向けた若き評論家たちだったのである。(9)

(2)　芸術の環境化と環境の芸術化——中原佑介

中原佑介は、『ブレーン』一九六七年一〇月号の特集「マクルーハニズムと広告」に、「マクルーハンの芸術観」という短い文章を寄稿した。「古い環境が新しい芸術形式《アート・フォーム》になる」というのがマクルーハンの基本的な考えであると述べたうえで、前年にイギリスの美術雑誌に掲載された彼のインタビューを参照しながら、その芸術観を紹介している。「電気が古い機械的な環境を取り巻いたとき、古い機械の世界は芸術型式となった」、「同様、機械が西ヨーロッパに初めて出現して、農耕的環境を取り巻いたとき、自然は人類史上初めて芸術型式となった」という図式的な芸術観を解説するにとどめ、中原はみずからの価値判断を表明してはいない（中原 1967c）。

それに先立って、『美術手帖』一九六七年六月号の特集「環境芸術」では、中原の論文「芸術の環境化と環境の芸術化」が、マクルーハンに言及しつつ、独自の環境芸術論を展開している。

中原はまず、近代絵画を支えてきたのが「切りとり」の思想であるという。一部を切り取って全体を表すことが可能ということは、バラバラに分解できるということであり、それは個人を要素とする市民社会、分析を中心とする合理主義といった近代思想そのものである。「バラバラに分解しうるというのは、裏がえせば、社会にしろ大自然にしろ、なんらかの要素あるいは部分があつまって、ある規則をもった「構造」をうみだしているということであり、それぞれが、ある役割り、つまり「機能」を分担しているということである」（中原 1967a: 132）。

それに対して、われわれが否応なく感じているのは、この「切りとり」の思想の崩壊であると中原は言う。「量産」と「情報」によって特徴づけられる現代社会は、それをバラバラの部分に分解することを許さない、連続的なつながりを持っている。そして今世紀の美術は、こうした情報社会のただなかに置かれた「都市の美術」に他ならない。社会にしろ自然にしろ、それが連続性を持った動的な状態そのものであるというニュアンスを、中原は「環境」という概念に託している。既にみたように、日本の建築界では六〇年代なかば、主に浅田孝の活動を通じて「環境」が重要な概念として浮上していたが、中原はその動向を意識しつつ、次のように述べる。

環境という概念は、建築や都市計画では、すでに、かなりの歴史をもって論じられてきた。それは、都市が、バラバラな要素のあつまりでなく、たがいに関連し合い、つながりあった性格をもたないわけにゆかないという、現実的な要請にもとづいている。そして、芸術の分野で、環境ということが大きい問題として意識されだしたのは、芸術が建築や都市に接近してゆくのでなく、環境そのものが芸術になるという方向を示唆するもののように思われる。（中原 1967a: 140）

二〇世紀に入って生まれたコラージュ、アッサンブラージュといった美術思潮に見られる「よせ集め」の思想は、量産品に包囲された生活という現実に根ざし、自分が置かれている世界がバラバラに分解できないという意識にもとづいている。量産品の氾濫を前提として成立するレディメイド、マスプロ製品やマスメディアのイメージを取り入れたポップ・アートの思考法も同様である。

マス・メディアは、コミュニケイションではあるが、現在の社会の環境でもある。マス・メディアのイメージをとり入れた絵画は、そのイメージを媒介にして、環境のなかにくりこまれるという性格を内在している。マンガの一コマを描いた絵画は、その背後に膨大な量のマンガをひきずっており、つまりは、環境と結びついているのだ。（中原 1967a: 136）

中原が提示する「マス・メディア＝環境」という視座は、言うまでもなく、マクルーハンに依るところが大きい。

環境と人間の相互作用の意識化、それは、マックルーハンふうにいうなら、人間の肉体から大脳に至る外化、拡張が実現しつつあるかもしれない。つまり、全肉体の外化によって、全肉体が疎外されつつあるからだ。マス・プロとマス・メディアで特徴づけられる現実の環境は、われわれにとって全身的な意識化をうながしているのである。それが、視覚、聴覚、触覚などを綜合した環境の形成に、注意を向けさせるのである。（中原 1967a: 141）

環境と人間の相互作用を意識的に試みた先駆的な芸術として、中原は、ルーチョ・フォンタナ(Fontana, L.) が一九四九年に開催した「空間的環境」展を挙げている。観客が単に見るだけの存在ではなく、そこに「いる」ことを意識化されるという意味で、「空間から環境へ」展も同じ系譜にある。環境と人間の相互作用において、これらが環境のほうに力点を置いたものであるのに対して、「ハプニング」は人間の行為のほうに力点を置いたものであると位置づけられる。中原はさらに、E.A.T. を例に挙げて、環境と人間の相互作用を意識化することを意図した芸術活動は、「ビッグ・サイエンス」と似たような性格を持っていることから、「ビッグ・アート」と呼ぶに相応しいと指摘する。

注目すべきことに、この中原論文に併せて、編集部によって著された「ルポルタージュ日本万国博覧会——現代芸術はどのように参加する？」が掲載されている。この記事は、磯崎らを中心とする日本万国博イヴェント委員会の成果を中心に紹介したものだった。

この二本のテクストのみで、特集「環境芸術」が構成されている。振り返ってみれば、大阪万博はまさに「ビッグ・アート」の祭典であった。こうして「環境」という概念を梃子に、マクルーハンと大阪万博が邂逅しているのである。

(3) 文化人類学としての環境芸術論――日向あき子

日向あき子は『ＳＤ』一九六七年九月号に、マクルーハンの講演録「人間の知識と未来」を翻訳した。そして『美術手帖』一九六七年一〇月号には、「ポップ・アート＝エロティシズム＝未来学」と題する論文を発表しているのだが、このなかで日向は、マクルーハンに依拠した議論を展開している（日向 1967a）。

また、『現代』一九六七年一一月号には、「あなたも触覚人間になっている――電気時代を解明したマクルーハンの最新の発言」と題する記事を寄稿している。オスヴァルト・シュペングラー、ポール・ヴァレリー、アンドレ・ジーグフリードといった知性、あるいはマラルメやエリオットなどの詩人を引き合いに、「マクルーハンがこれら先覚者から一歩足を踏み出している点は、あるものの否定ではなく、その次にくるものの内容を、理論や分析だけでなく、エモーショナル（情緒的）に暗示し、とらえようとしているからだ。〔…〕それはまたヴィジョネール（幻視的）な領域に分け入るパスポートを与えられた、詩人や予言者のみに可能なことかもしれない」（日向 1967b: 140）といい、詩的な発想やメタファーが多い『機械の花嫁』と『メディアはマッサージである』の二冊を中心に、マクルーハンの思想の特徴を紹介している。そのなかには「環境そのものが芸術化したような生活空間について考え、「環境芸術論」を展開することができるだろう」という記述もある（日向 1967b: 143）。

そして、冒頭で述べたように、『美術手帖』一九六七年一二月号に「マクルーハン理論と現代芸術」特集が組まれた。日向の基調論文では、マクルーハンの経歴や思想の解説が、とくに環境芸術論を軸に展開されている。さらに翌月の特集は「エレクトロニック時代の芸術」であり、山口勝弘が「芸術の日常化──そのかろやかな感覚の世界」という基調論文を寄稿している（山口 1968）。この流れが決定的な決め手となって、日本においても北米と同様、「ハプニング」「エンバイラメント」「インターメディア」といった美術思潮をめぐる批評のなかで、マクルーハンの理論が頻繁に援用されることになる。詩人で美術評論家の岡田隆彦は一九六九年、次のように述べている。

> 鋭敏な芸術家たちは、マクルーハンが論理的に把握したところのものをとうぜん至極なものとして、発想の発条と化し、今日の状況ないし環境のすべてをあばき、結果的にテクノロジーの絶大な機能と拮抗しうる想像力をもって、現実のただなかに、口ではなくヴィジョンをさしはさむことだろう。（岡田 1969: 185）

日向はとりわけ、当時それほど注目されていなかった『機械の花嫁』を高く評価し、東野や中原とは観点の異なる評論を執筆していた。日向のマクルーハン理解の特徴を二点挙げておきたい。第一に、エロティシズムに対する考察を目的のひとつとして、マクルーハンを読解していたことである。日向は一九七〇年、初の単著となる評論集『ニュー・エロティシズム宣言』を出版している。このなかで日向は、マクルーハンに幾度か言及し、メディアの高度化、情報環境の変容を補助線として、環境芸術化時代におけるエロティシズム（＝ニュー・エロティシズム）の行方について論じている[10]。エロティシズムの変容に対する日向の問題意識は、環境芸術の可能性を考察することと地続きであった。

サイケデリック・アートや環境芸術または、新しいテクノロジーと結びついたエレクトロニク・アートは、まだ幼稚で、チャチではあるし、デザインと区別しがたい。だが、むしろもともと環境芸術であるデザインと一体化することで、特別な個所に飾り、それを聖とし芸術として拝跪するタブロー芸術をこえるのである。特別な個所を聖とし芸術とするアートと、全身的でなく、特別な個所にエロスの焦点を集中させるエロティシズムとは、同じ考え方を根にしているのだ。（日向 1970: 88）

日向によれば、環境芸術の旗手である「テクノロジー派」は、さしあたり技術を使いこなすのが精一杯で、それに相応しい意識や思想を会得しているとは言えないかもしれない。だが、現象やメディアが意識よりも先行しているのが現代の特徴であるとして、これを擁護する。

第二に、「マクルーハン旋風」のただなか、日向は『機械の花嫁』に、柳田國男と共通する知的態度を見出し（日向 1967b）、マクルーハンとレヴィ＝ストロース（Lévi-Strauss, C.）の接点を繰り返し強調していた（日向 1967c; 1967d; 1968）。マクルーハンをすんなり読むことができたのは、それに先立ってレヴィ＝ストロースを読み、文化人類学の本を乱読していたからだったと日向は振り返る（日向 1981）。六〇年代に入って本格的に美術評論を始めた一方、文化人類学にも興味を抱き続けていた日向は、ようやく七〇年代初頭、「私が選ぶべきフィールド・ワークの対象は残された原始的社会ではなく、われわれが現に生きている時代こそ本名《ほんめい》」であり、「われわれの生きている現在、現代を文化人類学の眼で見る」という方針を決めたという（日向 1993: 327）。

この視点に立つ時、［…］当然新メディア論が浮上してくるのである。そしてマクルーハン的にみれば、機能主義以後の文化人類学、殊にレヴィ＝ストロース（彼の言語論、彼のブリコラージュ＝道具論）も実は広義のメディア論だったと考えることができる。同様に、日本の柳田国男の場合も農耕的社会を対象としたフィールド・ワークつまりメディア論だろう。つまり文学でもある彼の「遠野物語」もメディア論と見ることができるのであり、私が広義のメディア論というのも、このあたりを指す。［傍点原文ママ］（日向 1993: 327）

道具やメディアを「生態系」と捉え、人間の知覚や感覚の変容に焦点をあてる「メディア論」の視角から、日向は美術に限らず、映画、演劇、音楽、写真など、さまざまな表現分野を批評の対象としていった（日向 1971）。

4　祭りのあと

六〇年代の芸術分野におけるマクルーハン受容の特徴は、次の三点にまとめられる。

それは第一に、ポップ・アート以降の新しい芸術表現に強い関心を寄せていた、東野芳明、宮川淳、中原佑介、日向あき子といった若い美術評論家たちによって先鞭がつけられた。「反芸術」論争や「模造千円札」裁判などを契機として、日本の前衛芸術の行方が問われるなかで、新しい工業素材やメディアを駆使した、合理的で領域横断的な芸術表現に注目が集まっていた当時、「環境」という新奇な概念を橋渡しとして、マクルーハンが広く読まれたのである。

第二に、彼らは『ブレーン』や『現代』といった媒体にも積極的に寄稿することで、マクルーハンの大衆化に一役買った反面、中原や日向はそれぞれの関心に立脚し、独自の「環境芸術論」を構想した。それは美術評論の枠にとどまらず、日本における「メディア論」の萌芽といえるような広い射程を備えていた。

第三に、こうした動向は大阪万博の準備期間と重なっており、環境芸術の大実験場としての期待や懸念と相まって、マクルーハンの理論が頻繁に援用された。芸術分野においては総じて、マクルーハン、環境芸術、大阪万博が、相互連関するなかで語られたのである。

「マクルーハン旋風」が過ぎ去った一九七〇年、大阪万博の開催中に出版された『美術手帖（特集：ＥＸＰＯ'70　人間と文明）』において、後藤和彦は「環境」という概念を用いて万博自体を批評し、「もの万博」から「テーマ万博」へという主張を展開している。後藤によれば、技術革新が目覚しいから万博が情報化したのではなく、停滞しているからこそ万博は情報化せざるをえないという。

> ここでわれわれはどうしても環境という概念を必要としてくる。ものと情報と人間が、一次元での直線として確定的な関係のうちに成立しえていた段階から、その結節の解除の段階に移るとき、メディアはなにかを伝達するものとしてではなく、不確定性の、完結しえないコミュニケーションの環境を生み出すものとしての意味を強くもってくるのである。
> かつてのもの万博が集まった人々に情報を与え、教え、導くという説得コミュニケーションの単純な構造をもっていたとすれば、今回の万博は、原理上は、そこに集まってくる人間個々の環境経験そのものをスタートとするもので、説得とは無縁のものであるはずである。［傍点原文ママ］（後藤 1970: 181）

後藤はこの論文のなかで、一度もマクルーハンの名前を明示していない。だが、一九六六年の「空間から環境へ」展から一九七〇年の大阪万博まで、芸術分野の活字媒体に後藤が原稿を寄せ続けていたこと自体、日本の環境芸術におけるマクルーハンの影響を強く裏付けるものといえよう。

この特集で、後藤の他にもうひとり、マクルーハンに言及して「環境としての万博」という視点を提示したのが、「三井グループ館」を手がけた山口勝弘だった[11]。山口もまた、東野や中原との交流を通じて、いち早くマクルーハンに着目していた。山口は一九六七年、『美術手帖』で一年にわたって「生きている前衛」という連載をおこなっているが、このなかで「ハプニング」や「イヴェント」といった新しい芸術表現におけるコミュニケーションの特性について、マクルーハンを援用して論じていた（山口 1967）。

ところが、七〇年代に入ると芸術分野においても、マクルーハンの思想的影響は急速に減退していった。たとえば、大阪万博で「テーマ館」の映像プロデューサーを務めた映画評論家の岡田晋は、万博の会期末に『映像未来学』という本を出版している（岡田 1970）。「映像と情報」、「環境デザイン」といった観点から、大阪万博における「映像の氾濫」の功罪に当事者として向き合い、これからの映像の可能性を論じているのだが、マクルーハンに対する言及はさほど多くない。

それにもかかわらず、七〇年代から九〇年代にかけてマクルーハンの理論を援用し続けた稀有な美術評論家が、日向あき子であった。日向はマクルーハンの死後、『早稲田文学』に「たった一人の、マクルーハン追悼」というテクストを寄稿した（日向 1981）。

一九七八年には『視覚文化——メディア論のために』という著書を出版し、「環境としての映像」という観点から独自のメディア論を展開している。日向は七〇年代以降、高度消費社会に対する文化人類学的な関心にもとづいて、「環境芸術論」から「メディア論」へと批評の射程を広げていった。日向の追悼文を著した仲野泰生は、次のように指摘する。

消費社会の存在をあるがままに認めてしまって、消耗品の究極的な姿をあざやかなヴィジュアルで見せてくれたのがポップ・アートである。日向の文化人類学的な視点（批評）は、このような消費社会を背景に、自らが消費される運命を引き受け、飄々と活動するアーチストに注いでいたのである。［…］日向はウォーホルを批評の対象とすることで、彼女自身が生きた六〇年代そのもの（すなわちポップ・アート）をも、ひとつの文化現象として批評しようとしたのである。（仲野 2003: 88）

「商品とはメディアのすべてであり、文明はメディアの総称である」（日向 1970: 140）といい、アンディ・ウォーホル（Warhol, A.）以後の美術評論において、メディア論的な視点を補助線として導入するのが、日向が生涯こだわった手法であった。その一方、美術評論で培った知見を踏まえて、新しい「メディア論」の体系を構築することの重要性を繰り返し指摘している。日向が展開した「メディア論」の軌跡、八〇年代以降のアカデミズムにおける「メディア論」の構築に果たした役割の検証は、今後の課題としたい。

謝辞
本章は、JSPS科研費（23701010／研究代表者：飯田豊）と、財団法人電気通信普及財団「技術思想としてのアマチュアリズム」（研究代表者：飯田豊）の助成を受けた研究成果の一部である。

注
（1）『毎日新聞』一九六七年九月一四日夕刊
（2）「メディア論」とは何かを説明することは、それ自体きわめて困難な作業だが、ここでは「日本語で書かれたメディア関連書では「メディア論」という言葉は、ふつうマーシャル・マクルーハンが提示したコミュニケーション分析の方法論を指し示すものとして用いられ」ている（北田 2004: 7）という慣用にしたがう。北田暁大が指摘するように、この意味での「メディア論」に対応する英語は存在しない。「八〇年代末の日本において、「メディアはメッセージである」という理論が持つ種差性を認知しうるだけの雰囲気がある程度醸成されていた」のであり、「おそらく、方法論としての「メディア論」を差異化する思考のハビトゥスは、八〇年代以前、狭義のメディア研究の内外でゆっくりと着実に育まれていた」（北田 2004: 8）。本章は、そうした「雰囲気」と「思考のハビトゥス」の萌芽を、六〇年代の芸術分野に見出そうとする試みである。
（3）この鼎談は、「メディア・レビュー」編集部編（1982）に再録されている。
（4）「一九五〇年代の半ばに生み出された「ハプニングス」はあきらかにこの種の活動の最初の核である。美術作品をそれを取り囲んでいる周辺の空間と都市の環境に向かって開放した初期のハプニングスはつぎつぎと新しい要素を運動に加えながらいくつかの名称を生んで行ったので、「ハプニングス」「イヴェント」「キネティック・エンバイラメント」「ミクスト・メディア」「インターメディア」――若干のニュアンスの相違こそあれこれらの名称はおなじ新しい動向について名付けられた」（石崎 1969: 78）。マクルーハンは六〇年代後半、幾度も「ハプニング」に言及している（宮澤 2008: 137-138）。
（5）椹木野衣によれば、日本で「エンバイラメント」という概念を美術の領域に持ち込んだのは、メタボリズムのメンバーでグラフィックデザイナーの粟津潔だったという（槻木・五十嵐・小田 2004: 81）。

（6）一九六九年一二月に出版された『人間とテクノロジー』には、「ＥＸＰＯ'70――その実験と背景」というルポルタージュが収録されている。開催前にもかかわらず、大阪万博における「映像のはんらん」の背景が既に問われており、一九六六年の「空間から環境へ」展の考えが万博に発展していったことが指摘されている（北村 1969）。

（7）マクルーハンは、「環境」の真の姿を見る力を持っている「反社会的」な存在として、「子ども」や「アマチュア」を挙げている。「プロフェッショナリズムは環境的である。アマチュアリズムは反環境的である。プロフェッショナリズムは、全面化した環境のパターンのなかに個人を没入させる。アマチュアリズムは、個人による全面的な察知力、社会の基本原則を批判的に察知する能力を発達させようとする」（McLuhan and Fiore 1967＝2015: 95）。

（8）もっとも、実験工房の中心的人物だった山口勝弘は当時、E. A. T. に対して批判的な発言を残している。「技術者は、一つの会社の組織のなかに入っちゃって、創造的な仕事だとか、いままでやれなかったことをやろうと思っていても、会社のなかではどうしようもない。そういう技術者側からのロマンチシズムというようなものが、ＥＡＴのなかに、かなり強く支配している気がする。芸術家は、勝手な注文を出して、技術者側からみれば、とてもついていけないということがあるわけですよ。［…］たとえばＭＩＴでやっているような、テクノロジーとか自然科学のなかから、だんだん芸術の方向に育ってきたというプロセスのほうが、大事ではないかという見方もある」（秋山ほか 1969: 146–147）。

（9）磯崎新は後年、次のように述べている。「僕が大学に入った五〇年代初めの日本は、政治的アヴァンギャルドと芸術的アヴァンギャルドの対立・抗争が明瞭だった。政治的なアヴァンギャルドは共産党系の文化芸術活動の側に、瀧口修造さんはどちらかと言うとより芸術的アヴァンギャルド側だった。［…］安部公房、勅使河原宏、針生一郎、中原佑介もこちら側かな。瀧口さんのところにいた東野芳明だけが違って、あの人は政治音痴みたいなところがあるからさほど政治的なこととは関わりがなかったと思います。針生が一番左の正統派、中原佑介が真ん中で東野が右、政治状況はこういう御三家のバランスになっていました」（磯崎 2004: 104）。周知のように、針生一郎は大阪万博に反対の立場をとる。

（10）美術評論家で、画家でもあったジョセフ・ラヴも同じ頃、マクルーハンの環境芸術論を踏まえたエロティシズム論を発表している（ラヴ 1969）。

（11）「視聴覚メディアとしてみた万国博は、メディア自体のメッセージという全体的感受性による把握という点について、まだ正確な認識を受けていないというのが、私の意見である。むしろ、マックルーハンの批判している内容とか意味のレベルで判断され、人間の全体的経験である環境というインヴィジブルなものとしての捉え方がなされていない。そして、環境として捉えられる場合は、依然として、動く歩道の機能性だとか、人間の処理方法だとか、食堂や便所の不足といった第一次生活機能に関しての、古い環境論になってしまう」（山口 1970: 186-187）。

参考文献

秋山邦晴・磯崎新・東野芳明・東松照明・福田繁雄・吉村益信（1967）「環境からＸへ――「空間から環境へ」展から1年」（討議）『美術手帖（美術年鑑 1968）』一九六七年一二月号増刊

秋山邦晴・伊藤隆道・伊藤隆康・幸村真佐男・坂本正治・槌屋治紀・山口勝弘・中原佑介（1969）「芸術とテクノロジー」（座談会）『人間とテクノロジー』美術出版社

浅田孝（1969）『環境開発論』ＳＤ選書

後藤和彦（1966）「エレクトロニクス時代の環境――マックルーハンのコミュニケーション論」『美術手帖（特集：空間から環境へ）』一九六六年一一月号増刊

後藤和彦（1967a）「マクルーハニズム総論」大前正臣・後藤和彦・佐藤毅・東野芳明『マクルーハン――その人と理論』大光社

後藤和彦（1967b）「マクルーハンの著書ガイド：メディアの理解――人間の諸延長形態」『美術手帖』一九六七年一二月号

後藤和彦（1970）「情報とメディア」『美術手帖（特集：ＥＸＰＯ'70　人間と文明）』一九七〇年七月号増刊

後藤和彦・中野収・森川英太朗（1982）「やっぱりマクルーハンは新しい」（鼎談）『Media Review』一九八二年四月号
日向あき子（1967a）「ポップ・アート＝エロティシズム＝未来学」『美術手帖』一九六七年一〇月号
日向あき子（1967b）「あなたも触覚人間になっている――電気時代を解明したマクルーハンの最新の発言」『現代』一九六七年一月号
日向あき子（1967c）「電気情報時代の芸術――マクルーハンにみるユリシーズ性の回復」『美術手帖』一九六七年一二月号
日向あき子（1967d）「マクルーハンの著書ガイド：機械の花嫁――工業生産時代のフォークロア」『美術手帖』一九六七年一二月号
日向あき子（1968）「原始芸術論――原始と現代の環境芸術化」『季刊芸術』一九六八年秋号
日向あき子（1970）『ニュー・エロティシズム宣言』荒地出版社
日向あき子（1971）『原始の心――共有とＢｅ感覚』社会思想社
日向あき子（1978）『視覚文化――メディア論のために』カプセル叢書
日向あき子（1981）「たった一人の、マクルーハン追悼」『早稲田文学』六〇号
日向あき子（1987）『アンディ・ウォーホル』リブロポート
日向あき子（1993）『ポップ・マニエリスム――エロス、恐怖、残酷、死、楽園、甘美、神秘……ポップ・スタイルで描いた現代の物語的迷宮美術』沖積舎
石崎浩一郎（1969）「芸術をのりこえるもの」『美術手帖』一九六九年四月号
磯崎新（2004）「年代記的に――浅田孝、瀧口修造、六〇年代」（インタビュー、聞き手：五十嵐太郎・小田マサノリ）『10＋1』三六号
磯崎新（2007）「『建築の解体』へ――六〇年代のムーヴメントをマッピングする試み」（インタビュー、聞き手：日埜直彦）『10＋1』四九号
北田暁大（2004）『〈意味〉への抗い――メディエーションの文化政治学』せりか書房

北村由雄（1969）「ＥＸＰＯ'70——その実験と背景」『人間とテクノロジー』美術出版社
クルーヴァー、Ｂ．（1969a）「新しいテクノロジーと芸術家——Ｅ．Ａ．Ｔの活動にみる」中谷芙二子訳『美術手帖』一九六九年四月号
クルーヴァー、Ｂ．（1969b）「芸術家と技術者——Ｅ．Ａ．Ｔの場合」中谷芙二子訳『人間とテクノロジー』美術出版社
ラヴ、Ｊ．（1969）「知覚とメディアの対話——現代芸術にみる客体としてのエロス」富岡多恵子訳『美術手帖』一九六九年四月号
「メディア・レビュー」編集部編（1982）『ザ・メッセージ——マクルーハン以降のメディア環境』平凡社
光田由里（2006）「美術批評の旅——瀧口修造と東野芳明」『Booklet 14 To and From Shuzo Takiguchi』慶應義塾大学アート・センター
宮川淳（1964）「反芸術——その日常性への下降」『美術手帖』一九六四年四月号
宮川淳（1967）「マクルーハンの著書ガイド：メディウムはマッサージである」『美術手帖』一九六七年一二月号
宮澤淳一編（2001）「文献目録」Ｗ．ゴードン、宮澤淳一訳『マクルーハン』ちくま学芸文庫
宮澤淳一（2008）『マクルーハンの光景——メディア論がみえる』みすず書房
中原佑介（1967a）「芸術の環境化と環境の芸術化」『美術手帖』一九六七年六月号
中原佑介（1967b）「模型千円札事件——芸術は裁かれうるか」『美術手帖』一九六七年九月号
中原佑介（1967c）「マクルーハンの芸術観」『ブレーン』一九六七年一〇月号
仲野泰生（2003）「日向あき子論試論——美術批評の中の文化人類学的眼差し」『構造』一四号
岡田晋（1970）『映像未来学』美術出版社
岡田隆彦（1969）「60年代の芸術とテクノロジー——その融合と離反」『人間とテクノロジー』美術出版社
堺屋太一（1984）『イベント・オリエンテッド・ポリシー——楽しみの経済学』ＮＧＳ
椹木野衣・五十嵐太郎・小田マサノリ（2004）「『戦争と万博——もうひとつの戦争美術』をめぐって」（鼎談）『10＋1』三六号

椹木野衣（2005）『戦争と万博』美術出版社

瀧口修造（1952→1992）「芸術と実験」『コレクション瀧口修造（7）実験工房 アンデパンダン』みすず書房

瀧口修造（1966）「環境について――ある状況からの発言」『美術手帖（特集：空間から環境へ）』一九六六年一一月号増刊

東野芳明・磯崎新（1966）「〈環境〉について――美術・建築・都市・虚」（対談）『美術手帖（特集：空間から環境へ）』一九六六年一一月号増刊

東野芳明（1967a）「マクルーハンの著書ガイド：グーテンベルグ星雲」『美術手帖』一九六七年一二月号

東野芳明（1967b）「マクルーハンと現代芸術」大前正臣・後藤和彦・佐藤毅・東野芳明『マクルーハン――その人と理論』大光社

山口勝弘（1967）「感覚の解放（生きている前衛 第10回）」『美術手帖』一九六七年一〇月号

山口勝弘（1968）「芸術の日常化――そのかろやかな感覚の世界」『美術手帖』一九六八年一月号

山口勝弘（1970）「二つの文化と環境への志向」『美術手帖（特集：ＥＸＰＯ'70　人間と文明）』一九七〇年七月号増刊

吉見俊哉（1992→2010）『博覧会の政治学――まなざしの近代』講談社学術文庫

McLuhan, M.（1962）*The Gutenberg Galaxy: The Making of Typographic Man*, University of Toronto Press. =（1986）森常治訳『グーテンベルクの銀河系――活字人間の誕生』みすず書房

McLuhan, M. and Fiore, Q.（1967）*The Medium is the Massage: An Inventory of Effects*, Penguin Books. =（2015）門林岳史訳『メディアはマッサージである――影響の目録』河出書房新社

第2章　メディアのなかの考現学
——アカデミズムとジャーナリズム、エンターテインメントの狭間で

1　新しいジャーナリズムとしての考現学——一九二〇年代

関東大震災をひとつの契機として提唱された考現学は、雑誌ジャーナリズムと不可分の関わりがあった。「一九二五年初夏東京銀座風俗記録」「本所深川貧民窟付近風俗採集」「郊外風俗雑景」という最初期の調査は『婦人公論』が初出であり、同誌の初代編集長（後に社長）嶋中雄作の理解のもと、編集部員による多大な調査協力があった。さらに今和次郎は一九二五（大正一四）年から一九二七（昭和二）年にかけて、『流行』『建築新潮』『早稲田大学新聞』『婦人之友』『早稲田学報』『住宅』『実業之日本』といった雑誌に、考現学調査の成果を相次いで発表している（川添 1987: 45）。

今はまた、一連の調査に先立ってバラック装飾社に参加していたが、分離派建築会からの厳しい

批判とは裏腹に、彼らの活動を雑誌ジャーナリズムは好感をもって伝えていた。今は後年、次のように回顧している。

> 私たちの行動は、一部の建築家からは極端に罵倒された。建築美とは装飾を取去ってしまった、造形そのものを基本としてのみ成立するものである、という近代的アカデミックといえる立場でやりこめられたのである。しかし、そのときの私たちの行動は、そういう建築論に奉仕するつもりでやっていたのではない。震災をうけた人びと、つまり社会にたいしての行動なのである。マスコミはそううけとってくれたし、また一部の人たちからは、絶賛されたのであった。（今 1969→1971: 483）

また、一九三〇（昭和五）年に刊行された『モデルノロヂオ（考現学）』（春陽堂）が好評を博したことについて、今は「われわれの仕事の珍奇さ、また在来所謂文明批評と言ふ形式で言はれてゐたやうな一面を含む事、そして非書斎的、非形式的に乗り出してゐる事、等々の事が、ヂャーナリズムに先づ迎へられたと言へる」（今 1931→1986: 14）と述べている。藤森照信が指摘するように、「考現学もそうだし、バラック装飾社も最初からメディア戦略を持っていた。自分自身がメディアみたいな人だった」（藤森・黒石 2013: 28）。

その反面、考現学が学問を強く指向していたことも、併せて強調しておかなければならない。今和次郎が「ぐるり調べ」や「一切しらべ」といった、特定の時間と場所にもとづく数量的な調査と定量的な分析（＝「統計」）にこだわったのは、ジャーナリズムが目立った風俗にばかりに関心を向け、間違った印象を人びとに与えかねないことに対する批判意識があった（川添 1987: 224-237）。マスメディアにノリつつズラすという両義的な態度こそが、考現学の魅力のひとつだったはずである。しかしながら、このような実証的研究としての考現学は、一九三〇年代以降にはほとんど見られなくなる。

さて、今和次郎と活動をともにする一方、築地小劇場に参加して宣伝・美術部員を務めていた吉田謙吉は、後年は舞台装置家や映画の美術監督として活躍した。吉田によれば、「いろいろな方面に、それぞれ的確なひろがりを持つ今さんの仕事と、まだまだ享楽の分子に入り込んでゐる私の仕事との、各々の特徴を露骨に発揮して、統計に関するすべては今さんが分担し、私は断片様々を拾う事になった」という（吉田 1925→1986: 43）。したがって、考現学には当初から、学問的方法として定立できない断片的採集という一面もあった。「考現学は、日本の近代社会の風俗の意味を問い直し、芸術運動や都市の文化に刺激を受けて新たな世界観とその空間造形を提示する一連の活動だった」のである（今ほか 2011: 51）。

考現学の後裔にはさまざまな系統があるが、その一部は間違いなく、マスメディアのなかに連綿と息づいてきた。ただし、そのほとんどは「今と吉田による私造語であることも忘れられ、ファッションや食べ物や流行といった世相風俗を語るジャーナリズム用語としてもっぱら用いられる」

（藤森 1987: 416）。つまり皮肉なことに、今が考現学という方法を通じて批判意識を向けていたはずの印象批評が、考現学という名のもとに流布しているという現状がある。

それに対して、細やかな観察と記録を重視する断片的採集もみられる。有名なところでは、南伸坊が『漫画サンデー』（実業之日本社）に連載した「ハリガミ考現学」（一九八二〜八五年）、赤瀬川原平が『写真時代』（白夜書房）の連載を通じて紹介した「超芸術トマソン」（一九八二〜八五年）、都築響一が『ＳＰＡ！』（扶桑社）に連載した「珍日本紀行」（一九九三〜九八年）などが挙げられる。「いやげもの」「ゆるキャラ」「とんまつり」といった造語を相次いで生み出し、日本各地の特異なモノやコトを精力的に蒐集しているみうらじゅんの一連の仕事も、この系譜に加えることができるだろう。

今和次郎がそうであったように、彼らはいずれも「メディアみたいな人」であり、さらには吉田謙吉が実践したような断片的採集のエキスパートとして、表現のジャンルを越境して活躍してきた。すなわち、アカデミズムとジャーナリズムを架橋しているばかりか、考現学の射程をサブカルチャーやエンターテインメントの領域にまで拡張したのである。そこで本章では、マスメディアのなかの考現学に焦点をあて、その展開を辿ってみたい。

2　マーケティング的考現学の萌芽――一九六〇年代

今和次郎は「原則としてわれわれの追求はそのものの使用されてゐる場所でしらべ、さうしてそれがどう使はれてゐるかに関心を持つ」からこそ、「われわれの考現学は消費生活の学であると云ふ事が成立して来る」ことを見通していた（今 1927→1986: 360）。

民俗学者の橋浦泰雄は一九五六年、「今さんの考現学は［…］流行をつねにつくって行く商業などには大いに参考となるでしょうし、またこれを十年百年と永続してフィルムに収めて行くならすくなくとも目に見た風俗上の変遷を知るによい資料となるでしょう」（橋浦 1956: 105）と前置きしたうえで、次のように語っている。

商業宣伝によって、傘の柄を長くしたり短くしたり、頭髪をむやみに縮らしたりするシャボン玉のような瞬間的な流行が、なぜわれわれを捉らえるかというその根源を、民俗学は長いあいだ民族を支配した生活伝承を土台として究明しようとするのです。したがってわかりきったシャボン玉的な流行そのものは対象としないのです。（橋浦 1956: 107）

柳田國男が信頼を寄せた弟子で、戦後すぐに生活協同組合の創設に尽力した橋浦らしい、はっきりとした物言いである。こうして考現学は、いわゆるマーケティングとの親和性が発見されたことにも後押しされ、民俗学との差異がますます強調されることにもなった。少なくとも柳田自身にとっては生涯、変わりにくい「民俗」と移ろいやすい「風俗」とは相補的な関係にあったはずだが、アカデミズムにおいてはこうした二分法が次第に自明性を帯びるようになったのである。今も後年、恩師の柳田とは別の道を歩むことになった経緯に言及するさい、「民俗学は現在から過去の解明に、考現学は現在から未来の解明へと分離して進むことになった」と断言している（今 1969→1971: 482）。

ビジネス誌などにおいて、考現学とマーケティングとの接点がはっきりと示されるようになるのは、六〇年代に入ってからのことである。たとえば、マーケッターの今井俊博は六〇年代後半、『ブレーン』（誠文堂新光社）や『調査情報』（ＴＢＳ）などの雑誌に連載した記事をもとにして、『消費人類の考現学』（誠文堂新光社、一九六七年）、『万貨品の考現学――ポピュラー・コンシューマ』（同、一九六八年）、『街の考現学――集まる、動く』（同、一九七〇年）といった書籍を相次いで刊行している。こうした動向は、考現学という名が忘却されることなく、むしろ人口に膾炙することに大きく寄与した反面、今和次郎が目指していた実証的研究や吉田謙吉の断片的採集からは遠ざかっていった。もう一度、藤森の言葉を借りれば、

考現学の面白さというのは、あくまで観察と記録にある。ところが、現代の世の考現学は、世俗

風俗流行といったナマモノを扱うあまり、ナマモノを観察する面白さではなくて、ナマモノをお金を代価として消費する面白さをもっぱら語るきらいがある。（藤森 1987: 416）

考現学の魅力のひとつは、スケッチや図表を駆使した視覚表現にあった。それならば写真はもとより、映画やテレビも有用な道具になりそうなものだが、考現学の名を冠している事例はそれほど多くない。今和次郎がみずから関わった番組としては、TBSのドキュメンタリー番組『カメラ・ルポルタージュ』で企画された「ユニホーム考現学」（一九六二年）がある。「銀座の交番に警棒とピストルを持たせた和服姿のタレントを立たせ、通行人の表情をかくしカメラでとらえ」ることで通行人の反応をテストするといった方法で、ユニホームの性格や役割を分析するというものだったという。[1] いわゆるドッキリ番組の嚆矢として評価することはできるが、これが考現学のアプローチといえるかどうかは微妙であろう。

松岡正剛は後年、「テレビのワイドショーやタレントのルポ番組など、すべて考現学といってよい。それなのに、メディアと都市論と建築家たちは今和次郎をいまだに大事にしていない」と指摘している。[2] むしろ、ビジネス誌やテレビ番組が派手に「考現学」を謳うようになった傍らで、次節以降で述べるように、一望しただけでは到底捉え切れないモノやコトを丹念に観察し、記録していこうとする周縁的な営みのなかにこそ、考現学復興の芽があった。

3　芸能追跡に併存する民俗学／考現学的視座――一九六〇～七〇年代

梅棹忠夫は、『放送朝日』一九六一年一〇月号に寄稿した「放送人、偉大なるアマチュア――この新しい職業集団の人間学的考察」という論考のなかで、「放送が、いつまでも自由とたのしさにみちたあかるい職場でありつづけるとおもうのは、やや楽観にすぎる」として、「フロンティーアの自由を満喫した初期の放送人たちも、やがてはだんだんきゅうくつになってくることを覚悟しておかなければなるまい」と予見した（梅棹 1961→1999: 35）。放送局で働く人びとを「放送人」を名付けたことで注目を集めた論考だが、ちょうど同じ頃、いち早くテレビの窮屈さを自覚し、その内と外をつなぐフィールドワークに踏み出したのが、小沢昭一と永六輔だった。

ＮＨＫによる実験放送の時代からテレビに出演していた小沢は、六〇年代末から芸能史に関する研究に傾倒するようになる。テレビにおける芸能の「大量生産・大量消費」が、芸能自体のあり方に大きな変化をもたらしているというのが、小沢がテレビからラジオに足場を移し、芸能史研究――とりわけ放浪芸の丹念な蒐集と記録、そして実践――に歩み出していく出発点であった（小沢 1998: 253）。

それに先立って一九六五年から一九七一年には、夕刊紙『内外タイムス』で毎週日曜日、表舞台に出ることのない芸能や風俗に携わっている人びととの対談を連載しており、約三五〇本に及ぶ対談の一部は後年、『人類学入門――お遊びと芸と』（晶文社、二〇〇七年）という書籍に再録されている。たしかに、消えゆく風俗や芸能に対する小沢のまなざしは、どちらかといえば人類学者や民俗学者のそれに近いが、『ぼくの浅草案内』（講談社、一九七八年）のように考現学的な趣のある著作もある。

小沢昭一は一九八九年、放送大学の客員教授として「芸能と社会」という科目を担当し、番組教材は六年にわたって放送された。放送大学に勤めていた加藤秀俊からの依頼である。放送大学の印刷教材である『芸能と社会』（放送大学教育振興会、一九八九年）、および番組教材での語りをもとに書かれた『ものがたり　芸能と社会』（白水社、一九九八年）に目を通すと、小沢の考え方が、「情報化社会」あるいは「テレビ時代」の到来を前提に構想された、梅棹と加藤の芸能論に強く依拠していることが分かる。具体的には、芸能史研究會編『日本の古典芸能10　比較芸能論――日本と世界の芸能』（平凡社、一九七一年）に収録されたふたりの論考である。梅棹と河竹登志夫の責任編集による本書は、「日本の古典芸能の生きかたを考えようとする、いわば未来への芸能論」（梅棹・河竹 1971: 1）を意図した試みであり、小沢の知的関心と合致していたようである。

ここで注目しておきたいのは、小沢が強く影響を受けた梅棹と加藤が、考現学の嫡流である「日本生活学会」の中心人物であることだ。一九七二年に「既成の学にとらわれない新しい学問の場」として設立された日本生活学会は、晩年の今和次郎を初代会長に戴き、梅棹と加藤に加え、建築評論家の川添登、そして民俗学者の宮本常一も参加した。梅棹、加藤、川添の三名は六〇年代、「万国博を考える会」や「日本未来学会」などを通じて、活動をともにしていた盟友であった。梅棹は民族学や人類学との比較を通じて、考現学調査の意義をいち早く再評価していたのに対して、加藤は社会学者の立場から、考現学の方法を取り入れた社会調査を積極的におこなってきた（そして言うまでもなく、今の弟子にあたる川添の研究や実践は、アカデミズムにおける考現学の復興にきわめて大きな役割を果たした）。

それに対して、民俗学者の宮本常一を「旅の師匠」として仰いでいたのが、永六輔である。宮本は永に対して、「電波の届く先に行って、そこに暮らす人の話を聞いてほしい。その言葉をスタッフに持って帰ってほしい。スタジオで考えないで、人びとの言葉を届ける仕事をしてほしい」と語ったという（永 2004: 83）。この言葉に裏打ちされた永のフィールドワークは、「放送文化の民俗学」と呼ぶに相応しい実践であった（↓第４章）。

テレビの実験放送時代からスタジオに通っていた永は、六〇年代、ＮＨＫの人気バラエティ番組『夢であいましょう』の放送作家として、また、「上を向いて歩こう」（一九六一年）や「こんにちは赤ちゃん」（一九六三年）などの大ヒット曲を手がけた作詞家として、大きな成功を収める。それにもかかわらず、テレビの影響力に危機感を募らせ、次第に距離を措くようになっていった。その帰結として永が身につけたのが、芸能追跡の旅を通じて放送文化をまなざすという、独特の批評的態度である。永は「フィードバック」という言葉を、宮本から教わったという。民俗学的な視点にもとづいて、風前の灯にある古典芸能を蒐集しているにもかかわらず、永はその知見を、放送文化という移ろいやすい現代風俗にフィードバックしようとした。アカデミズムのなかで乖離していた民俗学と考現学の視座が、しなやかに併存していたかのようにみえる。

4　考現学ルネッサンス――一九八〇年代

日本生活学会（一九七二年～）や現代風俗研究会（一九七六年～）によって七〇年代、今和次郎や吉田謙吉が路上で取り組んだ考現学調査の価値が改めて見直され、八〇年代には都市マーケティングにも応用されるようになる。考現学調査の方法を自覚的に継承している試みとして、『ACROSS』（パルコ、一九七七～九八年）の「定点観測」（一九八〇年～）が広く知られている。渋谷、原宿、新宿の路上で、ファッションに関する（写真撮影をともなう）観察とインタビューを同時におこなうもので、雑誌が休刊してウェブに移行してからも、『ACROSS』の定点観測は今日まで継続している。(3)

そして、考現学の復興にきわめて大きな役割を果たしたのが、「路上観察学会」である。赤瀬川原平の「超芸術トマソン」の流れを汲むプロジェクトとして、筑摩書房の松田哲夫が一九八六年に企画し、赤瀬川、藤森照信、南伸坊、林丈二が発起人となり、後に荒俣宏や杉浦日向子などが参加した。アカデミズムとジャーナリズムにとどまらず、アートやエンターテインメントなどの領域を横断するかたちで幅広い影響を与えてきたという点では、群を抜いている。

赤瀬川が『写真時代』の連載を通じて紹介し、読者からの物件報告も受け付けていた「超芸術トマソン」は、「一円玉考現学」を経て、路上観察学会の設立とともに「トマソン路上大学」に改題されている。読者からの物件報告という仕掛けは、宝島社の「ＶＯＷ」シリーズ（一九七三年〜）と通底している。ＶＯＷが情報コーナーを廃して、完全に読者投稿コーナーとなるのは、『超芸術トマソン』が単行本化された一九八五年のことである。ラジオの深夜放送とも通底する、雑誌の投稿文化が下支えするかたちで、考現学ルネッサンスが巻き起こったわけである。

赤瀬川は、現代思潮社が一九六九年に設立した美学校で、開校当初から講師を務めていた。一九八〇年に始まった「考現学」教室は美学校の看板講座となり、一九八六年まで続いた（美学校編 2019: 65）。その生徒だった南伸坊は、赤瀬川の講義を通じて考現学に出会ったという。

「今和次郎と吉田謙吉は、オレとすごく気が合う！」と思った。そうしてその後、私はこの「考現学」の方法を、すっかりパクって、「ハリガミ考現学」「路上観察ファイル」といった連載をして、それを本にまでしてしまった。

本人はパクったという意識はないんです。自分が考えてたのと同じようなことを面白がる人が昔もいたのだと思っていました。（南 2011→2013: 47）

路上観察学会が設立される以前、南は「ハリガミ考現学」を、鶴見俊輔のいう「限界芸術のハンチュー」（南 1984→1990: 221）として捉えていた。「ハリガミ考現学」の終了後、今度は対象をハリガミや看板に限定しないこととし、「考現学ファイル」として新たに連載を始める。路上観察学会に参加したことをきっかけに、「路上観察ファイル」に改題。一九八九年に実業之日本社から単行本化されたが、さらに文庫版になると『笑う街角』（ちくま文庫、一九九三年）に改題されている。

文庫版に「考現学の後継者」という解説を寄せている上野千鶴子は、「『考現学』なんてものものしい、とお思いかもしれないが、この本はれっきとした学術書（笑）」で、「現に、わたしはこの本を社会調査法の授業のテキストに使ったことがある」という（上野 1993: 215）。

できることならこの「学脈」を受け継いでくれる人材が、読者のなかから出ないものだろうかと期待している。その意味でも、本書が堂々と「考現学」を名のらなかったのは、わたしには、かえすがえすも残念なのである。（上野 1993: 225）

ただし赤瀬川と藤森は、路上観察は今和次郎の考現学とはちょっと違うといい、マンホールの蓋観察家として知られる林丈二の実践を引き合いに、むしろ吉田謙吉的考現学に近いと位置づけている（赤瀬川・藤森・南 2000: 7-8）。

5　キッチュな考現学へ――一九九〇年代以降

『路上と観察をめぐる表現史――考現学の現在』（フィルムアート社、二〇一三年）は、考現学と路上観察学会とのつながりを明快に浮かび上がらせ、さらに都築響一やみうらじゅんをその範疇のなかに位置づけている。(4)

みうらじゅんが蒐集した「ゆるキャラ」は二〇〇〇年、月刊誌『ハイパーホビー』（徳間書店）の「ユルキャラ民俗学」という連載によって公開が始まった。ところが、「ゆるキャラは八百万の神のように、全国にどっさりいる」ため、週刊誌でなければ紹介が追いつかないという判断により、二〇〇三年から『SPA！』で「ゆるキャラだョ！　全員集合」という連載を始めたという。

私は集められるかぎりの、「ゆるキャラ」を集め始めました。物産展にはなるべく多く足を運ぶ。片手に一眼レフ、もう片手にビデオカメラを持ち、二刀流で記録する。当時はまだぬいぐるみやシールなどのグッズは売っていなかったので、頼み込んで譲っていただく。そして説明が書かれたパンフレットを読み込み、そのゆるキャラを記憶することも忘れてはいけません。

地方自治体などに「すいません、今日のイベント、着ぐるみは何時頃どこに出ますか？」と電話をかけて、たらいまわしにされた挙句に切られたことも数知れず……。［…］そんなわけで、地方の興味のないイベントに出掛けて、いつ出てくるのかわからない「ゆるキャラ」を一日中ただ待っていたときもありました。（みうら 2015: 19–20）

みうらは、「オレのやってることは全部、民俗学なんだ。柳田國男とか、そーゆーの。［…］全く気付かれていないのは民俗学ビフォーだから。後、五十年は寝かせておかないとネタにイイ味が出てこないわけ」と述べている（みうら 2006: 17）。

都築やみうらのフィールドワークは二〇〇〇年代以降、工場、廃墟、戦争遺跡、ダム、鉄塔などに「萌える」――多くの場合、カメラによる記録の集積に価値を置く――特異な街歩きや旅行のあり方の確立につながっていった。伊藤遊は、こうしたキッチュなモノの記録＝蒐集を目的とした趣味や実践を、「キッチュ考現学」と総称している（伊藤 2009）。ちなみに、キッチュといえば松尾貴史だが、彼が『野性時代』（日本文芸社）に連載していた「天才の証拠」（一九九三～九五年）をまとめた『街角の天才記念物』（日本文芸社、一九九八年）も、優れた路上観察本である。

もっとも都築響一は、今和次郎のことを「実はそれほど好きではないというか、あまり惹かれない」と言い、考現学とみずからの活動との距離感を次のように説明している。

今和次郎の仕事を見ていると、対象の中に入っていかないというか、学者っぽく、標本を観察するように、取材対象を観察している印象を受けます。僕個人としては、宮本常一のように対象の心の中にまで入っていくような情熱というか、ドライブ感というか、そういったパッションが感じられるほうが好きなのです。今和次郎はおそらく学者として、わざとそういう距離感を保っていたのだと思いますけれども。

［…］

『珍日本紀行』（ちくま文庫）をやっているとき、よく比較されましたが、個人的には根本的に違うと思っています。僕は、ひとつの対象に対して、深く掘り下げていろいろな話を聞きたいと思います。例えば、〝欠けた茶碗〟のスケッチで言うと、なぜ欠けたまま使っているのか、新しい茶碗が買えないのか？　など、生活に入っていけば見えてくることがたくさんあると思うのですけれど、今和次郎の場合はスケッチが完成形です。それは、学者としての節度であるのか、人間としての性格であるのか、もしかしたら、そこまで深入りすると考現学ではない、文化人類学のようなものになってしまうかもしれないという考えだったのかもしれません。僕にとってはそこがもどかしく感じてしまいます。（都築 2011: 158–159）

都築が抱いているもどかしさは、今和次郎の『日本の民家——田園生活者の住家』（鈴木書店、一九二二年）に対する柳田國男の批判と、認識を共有しているといえるだろう。すなわち、今さんの話は画であるゆえに、最も鮮明に故郷の路を案内する。その代りにはあの藁家の中にいて、笑ったり叱ったりする声は聞えない。せっかく尋ねてみても留守ではないかというような気遺いがある。（柳田 1927→1990: 540）

として、柳田は「今和次郎君の書物が、なお一度農民の物言いと、比照せられる必要を生ずるのである」と指摘していた（柳田 1927→1990: 550）。

伊藤が「キッチュ考現学」と呼ぶときに念頭にあるのは、言うまでもなく、石子順造のキッチュ論である。キッチュとは、「生活↔表現↔文化と相互にあいわたるあいまいだがたしかな意味・価値のカテゴリー」であり、「日常的な生活の地平とつねに照応させながら、表現の問題を、人間の生きざまのはばとあつみ、すなわち〈歴史〉の問題として、再検討することができる」（石子 1971→1986: 6–7）。伊藤もまた、吉田謙吉的考現学の広がり、すなわち今和次郎と彼以外の考現学者との明らかな差異に着目し、日常生活空間の断片的採集こそが考現学のフォームを決めていると指摘している。

都築が「珍日本紀行」で取り上げた人びとは、少なくとも九〇年代当時、「おしゃれな旅行雑誌やテレビの旅行番組には決して登場しない、無数の意思のチカラの結晶体」（都築 1998: 5）であった。すなわち、マスメディアに対する内在的批評としての意味合いを備えている点では、考現学の出発点と認識を共有していたといえるし、小沢昭一や永六輔の芸能追跡にも近い。

そして、考現学と路上観察学に通底するまなざしは、『タモリ倶楽部』（テレビ朝日、一九八二年

～）の「東京トワイライトゾーン」（一九八七～八九年）、あるいは『ブラタモリ』（NHK、二〇〇八年～）など、地理や地形に関する造詣が深いタモリが得意としてきたアプローチのなかに、はっきりと見出すことができる。「日本坂道学会」の副会長を名乗り、『TOKYO★1週間』（講談社）に連載していた「タモリのTOKYO坂道美学入門」（二〇〇三～〇四年）も忘れることはできない（タモリ 2004→2011）。ラジオを自作する少年だったタモリは、秋葉原の魅力を「過去を振り返らない街」と説明している（タモリ 2014: 133）。土地の〈歴史〉に対する想像力にとどまらず、人間観察によって鍛えられた〈現在〉に対する視角の鋭さこそが、タモリの真骨頂に他ならない。

コラムニストの泉麻人が『週刊小説』および『月刊J-novel』（実業之日本社）に連載していた「「お約束」考現学」（二〇〇一～〇三年）は、世相風俗を語るエッセイの域を出るものではなかったが、泉は後年、今和次郎・吉田謙吉『東京考現学図鑑』（学研パブリッシング、二〇一一年）の編纂に携わっている。泉は本書で、今や吉田たちの考現学グループを「主に美大出の面々によって編成された、いまでいうサブカル系の研究サークル」（泉 2011a: 4）と捉え直し、彼らの考現学資料にもとづく東京案内本に仕立てている。それに加えて、考現学の手法にならって、二〇一〇年の東京で調査をおこなってはみたが、

今の時代の「考現学」はもはや「考古学」になってしまった。それを下敷きに銀座や阿佐ヶ谷、井の頭公園でちょっとした真似事を試みてみたけれど、正直いって、それほど面白がれる作業で

はなかった。そして、いま同じ手法でなぞっても意味がない、と実感した。（泉 2011b: 283）

都築響一や泉麻人が、考現学調査に対してそれぞれ抱いている限界については、改めて考察する余地が残されている。少なくとも本章で述べたとおり、考現学の始まりが雑誌ジャーナリズムと不可分に結びついていたこと、メディア環境の変容が考現学の復興を下支えしていたことを踏まえるならば、これからの考現学のあり方についても、メディア論的な視座がささやかな補助線になるに違いない。

謝辞

本章は、ＪＳＰＳ科研費（JP17H02307／研究代表者：日高勝之）の助成を受けた研究成果の一部である。

注

（1）『東京新聞』一九六二年五月二日号。
（2）「松岡正剛の千夜千冊」https://1000ya.isis.ne.jp/0863.html（二〇一九年一〇月二九日アクセス）今(1987）の書評（二〇〇三年)。
（3）http://www.web-across.com/observe/（二〇一九年一〇月二九日アクセス）
（4）二〇一三年に広島市現代美術館で開催された「路上と観察をめぐる表現史――考現学以後」展の図録として刊行された。佐藤守弘もまた、写真家としてのみうらの行為と、考現学との近接性を指摘している。さらに佐藤は、小沢昭一の写真文集や超芸術トマソンとの類似性にも触れている（佐藤 2016）。

参考文献

赤瀬川原平（1985→1987）『超芸術トマソン』ちくま文庫
赤瀬川原平・藤森照信・南伸坊（2000）「純度１００％の子ども？　いや宇宙人？　それとも神様？」（座談会）『林丈二的考現学――屁と富士山』ＩＮＡＸ出版
美学校編（2019）『美学校１９６９―２０１９――自由と実験のアカデメイア』晶文社
永六輔（2004）『伝言』岩波書店
藤森照信（1987）「解説 正しい考現学」今和次郎『考現学入門』ちくま文庫
藤森照信・黒石いずみ（2013）「世界規模でとんがっていた知性――今和次郎入門」（対談）『今和次郎と考現学――暮らしの〝今〟をとらえた〈目〉と〈手〉』河出書房新社
橋浦泰雄（1956）『民俗学問答』新評論社
広島市現代美術館監修（2013）『路上と観察をめぐる表現史――考現学の現在』フィルムアート社
今井俊博（1967）『消費人類の考現学』誠文堂新光社
今井俊博（1968）『万貨品の考現学――ポピュラー・コンシューマ』誠文堂新光社
今井俊博（1970）『街の考現学――集まる、動く』誠文堂新光社
石子順造（1971→1986）「キッチュ論ノート」『石子順造著作集第一巻 キッチュ論』喇嘛舎
伊藤遊（2009）「考現学における断片化と再構築――〈キッチュ考現学〉における風景の蒐集」田中雅一編『フェティシズム論の系譜と展望』京都大学学術出版会
泉麻人（2011a）「はじめに」今和次郎・吉田謙吉『東京考現学図鑑』学研パブリッシング
泉麻人（2011b）「あとがき」今和次郎・吉田謙吉『東京考現学図鑑』学研パブリッシング
川添登（1987）『今和次郎――その考現学』リブロポート
今和次郎（1927→1986）「考現学とは何か」今和次郎・吉田謙吉編著『モデルノロヂオ（考現学）復刻版』学陽書房

今和次郎（1931→1986）「考現学総論」今和次郎・吉田謙吉編著『考現学採集（モデルノロヂオ）復刻版』学陽書房
今和次郎（1969→1971）「ユニホーム以前のこと」『考現学 今和次郎集 第一巻』ドメス出版
今和次郎（1987）『考現学入門』ちくま文庫
今和次郎ほか（2011）『今和次郎　採集講義』青幻舎
久住昌之・滝本淳助（1989）『タモリ倶楽部――東京トワイライトゾーン』日之出出版
松尾貴史（1998）『街角の天才記念物――ヘンな看板、オカしい立札、アヤしい物体、アブない人形…』日本文芸社
南伸坊（1984→1990）『ハリガミ考現学（全）』ちくま文庫
南伸坊（1989→1993）『笑う街角』ちくま文庫
南伸坊（2011→2013）「今和次郎さんと「気が合う」と思った日のこと」『今和次郎と考現学――暮らしの〝今〟をとらえた〈目〉と〈手〉』河出書房新社
みうらじゅん（2006）『みんなのちんぱい――みうらじゅん「宝島」ほぼ全仕事』宝島社
みうらじゅん（2015）『「ない仕事」の作り方』文藝春秋
小沢昭一（1978→2001）『ぼくの浅草案内』ちくま文庫
小沢昭一（1989）『芸能と社会』放送大学教育振興会
小沢昭一（1998）『ものがたり　芸能と社会』白水社
小沢昭一（2007）『人類学入門――お遊びと芸と』晶文社
佐藤守弘（2016）「アイ／カテゴリー――写真家としてのみうらじゅん」『ユリイカ』二〇一七年一月臨時増刊号
タモリ（2004→2011）『新訂版　タモリのＴＯＫＹＯ坂道美学入門』講談社
タモリ（2014）『タモリ読本　語っていいとも！』洋泉社ＭＯＯＫ
都築響一（1998）「珍日本列島」『全国お宝スポット魔境めぐり！』別冊宝島三七八、宝島社
都築響一（2011）「今和次郎をめぐる談話」今和次郎『今和次郎　採集講義』青幻舎

上野千鶴子（1993）「解説 考現学の後継者」南伸坊『笑う街角』ちくま文庫
梅棹忠夫（1961→1999）「放送人の誕生と成長」『情報の文明学』中公叢書
梅棹忠夫・河竹登志夫（1971）「はしがき」芸能史研究會編『日本の古典芸能10　比較芸能論——日本と世界の芸能』平凡社
柳田國男（1927→1990）「民間些事」『柳田國男全集17』ちくま文庫
吉田謙吉（1925→1986）「一九二五年初夏東京銀座街風俗記録・断片」今和次郎・吉田謙吉編著『モデルノロヂオ（考現学）復刻版』学陽書房

第3章　インターネット前夜
——情報化の〈触媒〉としての都市

1　マスメディアとインターネットのあいだ

一九九〇年代から約二〇年間にわたる日本社会の「情報化」については、小熊英二編著『平成史』のなかで濱野智史が、明快な見取り図を示している。バブル崩壊以降におけるインターネット利用は、長い経済低迷期における個人の合理的選択として、情報収集や消費行動といった「私的領域」の低コスト化を促した反面、政治や経済などの「公的領域」においてはさしたる影響を及ぼしていない（濱野 2014）。

九〇年代の情報化を振り返れば、Ｗｉｎｄｏｗｓ95の発売にともなう「インターネット元年」の熱狂、モバイルメディア（ポケットベル、ＰＨＳ、そしてケータイ）の普及、あるいは家庭用ゲーム

図 3-1　『InterCommunication』No.5（1993年）

図 3-2　『WIRED』創刊号（1994年）

機の技術競争などが真っ先に思い浮かぶ。だが、インターネットの世帯利用率が五〇%を越え、急速に普及するのは二〇〇〇年代に入ってからのことである。九〇年代はまだ、電話回線網を利用したダイヤルアップ接続が主流で、電話代がきわめて高額だった。NTTは一九九五年、深夜二三時から翌朝八時までのあいだに限って、特定の電話番号と月極定額で接続できる「テレホーダイ」というサービスを開始したことで、多くの人びとは九〇年代後半、深夜に限ってネットを活用できるようになった。情報収集や消費行動という面に絞っても、ネットの影響はまだ限定的なものだった。ウェブ日記を中心とする「テキストサイト」に媒介されたオンライン共同体が盛り上がっていた当時、一九九二年創刊の『InterCommunication』（二〇〇八年休刊）や一九九四年創刊の『WIRED日本版』（一九九八年休刊、二〇一一年に復刊）などで語られていた情報化の未来は、まだ遠い先の出来事のように感じられた（図3－1、3－2）。社会学者の佐藤俊樹が『ノイマンの夢・近代の欲望』を著し、それまで何十年も語り継がれてきた「情報化社会」という概念が、情報技術の進歩とともに繰り返し参照される「空虚な記号」であると喝破したのは、一九九六年のことである（佐藤 1996→2010）。

ところで、一九九〇年に刊行された『速度都市ＴＯＫＹＯ'90』を読み返すと、当時の東京が、水道やガス、電気や道路といったインフラだけでなく、メディアや情報のネットワークに支えられていることを、多くの論者が――再評価が進んでいたマクルーハンを参照しつつ――考察している。たとえば、美術評論家の伊藤俊治によれば、

これは単に情報やメディアが社会を形成し始めるといった意味ではなく、東京という都市全体の、東京人という生という行為全体の象徴的な流通回路において、すでにモノやヒトではなくメディアや情報が感覚中枢的な位置を占めるようになっているということである。

［…］

人々の器官や感覚そのものとなっていくメディアの侵入によるカタストロフィが八〇年代を通じて気づかれずに起こっていたのであり、テクノロジー・ネットワークが我々そのものとなり自己増殖的に進化を遂げつつある現在の東京では無尽蔵に生みだされる廃墟はメディアの網によって次々と抹消され、我々のかつての身体は廃墟と化し、今やメディアと接合した身体性を軸にしてしか生きのびることはできなくなっている。（伊藤 1990: 35, 38）

という。社会学者の若林幹夫もまた、同書のなかで次のように述べる。

鉄道や自動車、そして航空機の出現は、かつての定住空間を越える広がりをもつ社会的活動を可能にし、電子メディアの出現は、人間や組織が特定の場所を占めることの意味を低減させた。このことは確かに、多くの中小都市の没落を決定的にした。にもかかわらず――あるいはまた、「それゆえに」と言うべきか――、マクルーハンの予想に反して、今日の世界で、ある種の都市が交通や通信の回路の集積地として、そして交換とコミュニケーションが集中的になされる場所としてもつ重要性は、むしろ高まっている。（若林 1990: 4）

すなわち、情報技術の革新は当時、個人の私的空間に恩恵をもたらすよりも前に、八〇年代を通じて広告化した都市空間を新たに再編成していく力学――それはやがて、広告都市の「死」を招く（北田 2002→2011）のだが――として捉えられていた。

そして実際、「新宿アルタ」が一九九二年、大型街頭ビジョンをカラー化したのを皮切りに、九〇年代を通じて、広告媒体としてのスクリーンが都市に遍在するようになった（二〇〇〇年代に入ると、ケータイや薄型ディスプレイなどが急速に普及し、日常生活におけるスクリーンの遍在が顕著に自覚されるようになる）。また、八〇年代後半に登場した携帯電話がつながるのは当初、自動車電話の基地局がある都市部や主要道路沿いに限定されていて、場所を問わず利用できるものではなかった。

その一方、設置台数の減少が始まっていた公衆電話は、ポケベルを持った若者たちがいつでも互いに連絡を取り合うためのユビキタス・メディアとして、一躍〝再ブレイク〟する。渋谷センター街の路上では、九〇年代末まで偽造テレホンカードが販売されていた。

情報化の波は九〇年代、インターネットやモバイルメディアの個人化に先立って、都市（あるいは郊外）とメディアとの関係を少しずつ揺さぶり、人びとの消費行動に影響を及ぼしていった。言い換えれば、バブル期までに爛熟したマスメディア社会が、二一世紀に成熟するインターネット社会に遷移していく過程で、九〇年代の都市はまるで、化学反応を促進する〈触媒〉のような役割を果たしていたのである。

2　雑誌が都市文化を牽引していた一九九〇年代

二〇一五年八月、女性ファッション誌『CUTiE』が休刊した。一九八七年に季刊誌として創刊され、一九八九年に月刊化。九〇年代のストリート・ファッションを牽引した雑誌のひとつである（図3－3）。モデルの市川実和子によれば、他のファッション誌では九〇年代初頭、掲載の二ヶ月前に写真を撮影するのが一般的だったが、それでは「洋服が古くなっちゃう」という理由で、『CUTiE』の撮影は一ヶ月前におこなわれていたという（CUTiE 編集部編 2014: 103）。読者のストリートスナップを誌面にいち早く取り入れ、一九九六年には隔週刊化したことで、読者に伝える情報の速度はさらに増した。八〇年代のＤＣブランドブームに代表される消費社会的な差異化とは一線を画して、『CUTiE』は古着などの着こなしに重点を置いていく。

そしてこの頃から、アパレル業界が先導する流行のつくり方が支持されなくなり、都心のショップや有名私立に通う高校生などを発信源とする、自然発生的なファッションに注目が集まっていくようになる（速水 2013: 126–128）。一九九五年創刊の『ｅｇｇ』（二〇一四年休刊）や『東京ストリートニュース!』（改名を経て、二〇〇二年廃刊）、九六年創刊の『Cawaii!』（二〇〇九年休刊）などの波及効果も大きかった。九〇年代前半までの『CUTiE』は（シンボルとしての）地域性をそれほど際立たせていなかったが、九〇年代後半には「裏原（宿）系」スタイルを多く扱うようになり、渋谷の「１０９」やセンター街に集う「（コ）ギャル系」スタイルなどが差異化基準となっていった（松谷 2008）。

図 3-3　『CUTiE』1995年6月号

雑誌の国内総売上は、一九九六年から九七年がピークである。情報技術の革新の陰で見落としてしまいがちだが、九〇年代とはかろうじて、雑誌の読者共同体がさまざまな文化を牽引していた時代であり（佐藤編 2015）、そのムーヴメントが特定の地域とシンボリックに結びついた最後の時代でもあった[1]。

コンピュータ文化も例外ではなかった。九〇年代はパソコンの普及にともない、入門者向けの雑誌から、デザイン、ネットワーク、データベースなど、職業別専門誌に近いものまで、多様な雑誌が創刊された（SE編集部編著 2010: 235-240）。インターネットが普及していない当時、ソースコードやソフトウェアを収録したフロッピーディスクやCD－ROMが、雑誌の付録として広く流通していた。多くのパソコンユーザーが、安定的に供給される雑誌の情報を必要とし、互いに交流できる場所を求めるようになる。

秋葉原の電気街には一九九二、三年頃、小規模なパソコンショップが続々と開店し、熱心なユーザーたちで賑わい始める。郊外の家電量販店にファミリー層を奪われていた秋葉原では、一九九四年にはパソコン関連商品の売上が、電子部品や家電製品などをしのぐようになった。そして一九九五年一一月、Ｗｉｎｄｏｗｓ95発売のカウントダウン・イベントが大々的に開かれ、秋葉原は「パソコンの街」として広く認知されるようになる。もっとも、森川嘉一郎が『趣都の誕生』で指摘したように、秋葉原は一九九七年から数年間のあいだに、マンガ、アニメ、ゲームなどに関するオタク系専門店が集積していく。それまでとは違って、インターネットにおける趣味空間を現実の都市が模倣していくかのように、秋葉原の風景は一変した（森川 2003→2008）。

このように九〇年代までは、特定の雑誌を購読することを通じて、もしくは「東京」で起こっている出来事を通じて、ある文化の動向を理解しやすい時代だった。それに対して二〇〇〇年代以降、情報化と郊外化を背景として、東京と地方のあいだで物流や情報の格差が小さくなり、大都市への憧れも次第に消失していくことになる。

3　カラオケボックス――情報化と郊外化の実験室

バブル崩壊にもかかわらず、九〇年代は余暇市場が拡大した時期である。その起爆剤のひとつは、一九九二年に始まった学校週五日制だった。公立の小中学校および多くの高等学校で第二土曜日が休日になり、一九九五年には第四土曜日も休日になった。完全週休五日制が実現するのは二〇〇二年のことである。若年層の余暇時間が段階的に増えていくなかで、都市（あるいは郊外）の商業空間において、情報化の恩恵を受けた消費文化が相次いで生まれていった。

その最たる例は、カラオケであろう。その市場規模は一九九〇年前後に爆発的に拡大し、一九九六、七年に全盛期を迎えた（図3－4）。九〇年に五万室程度だったカラオケボックスは、一九九六年に一六万室まで増加。二〇〇〇年代は一二、三万室程度の横ばい状態が続いている(2)。

カラオケは七、八〇年代における情報技術革新の産物と目され、九〇年代初頭のメディア研究においても、「ハイテク技術の実験場」（佐藤 1992: 112）、「高度情報化社会が産んだ最有力商品のひとつ」（津金澤 1993: 96）などと捉えられていた。カラオケボックスという業態は一九八五年、岡山県の国道沿いにトラックコンテナを改造した個室型店舗が設置され、営業を開始したのが起源とされる。いわば「郊外型・ロードサイド型出店」の先駆けであった(3)（烏賀陽 2008）。九〇年代のJ－POPは、テレビ番組やCMとのタイアップによって広く認知され、全国各地のカラオケボックスで

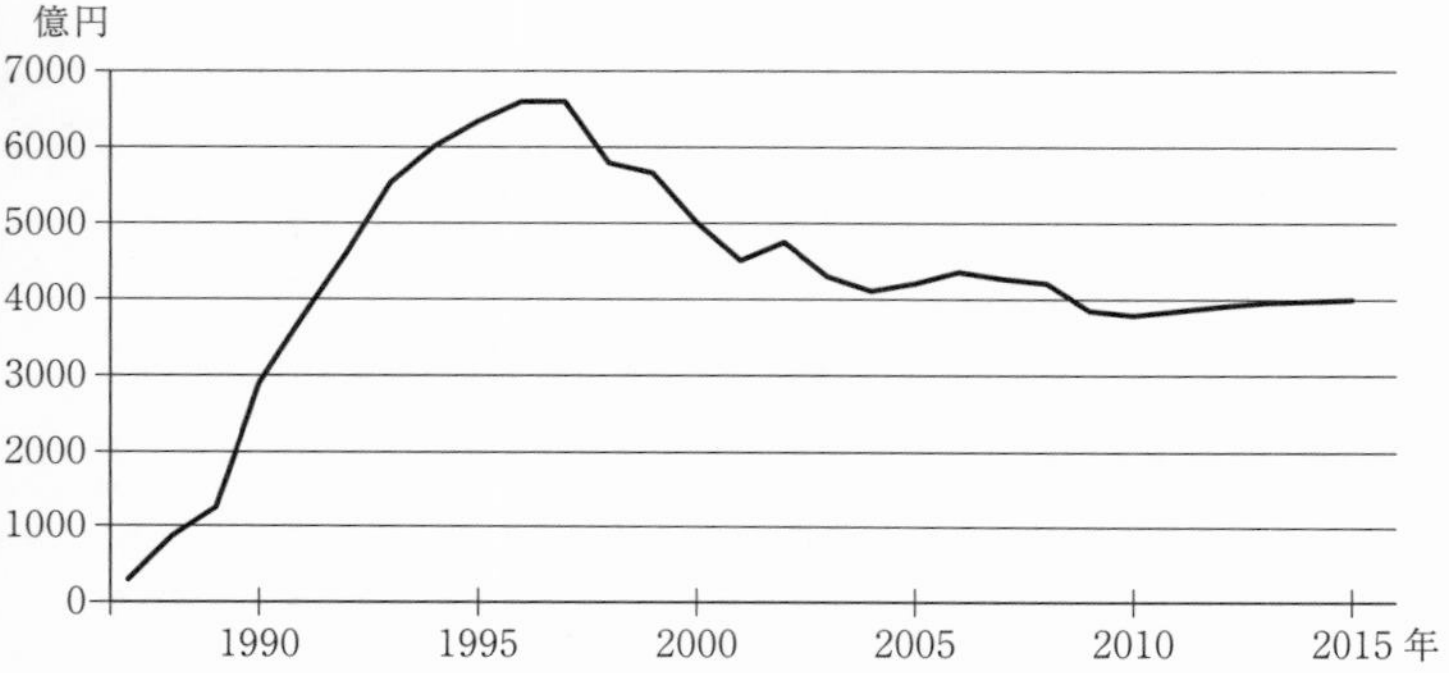

図 3-4　カラオケ市場の推移（『レジャー白書』をもとに筆者作成）

歌われることで、CDのミリオンヒットが量産されていった。

七〇年代、音響装置としてのカラオケが市場を席巻したのは、ちょうど二度のオイルショックの時期と重なっていたが、人件費節約の減量経営を売り文句にしたことで、不況はむしろ追い風だった。九〇年代前半におけるカラオケボックスの急増も、バブル崩壊にともなう不況を克服する新しい業態と位置づけられたことによる。一九九三年頃までに都心部の商業ビルへの出店も広がり、飲食をともなうパーティー指向の空間も増加していった。銀座では当時、もともと高級クラブを入れる目的で建てられたビルに、カラオケボックスが入店した事例もあった（武田 1999: 513）。

こうしてカラオケは、従来の酒場文化に下支えされた大人の娯楽から脱して、中高生を含む若年層、OLや主婦をはじめとする女性層、そして家族層にまで愛好者を広げていった。アルコールと分離したカラオケ市場は、いわゆる「装置産業」と目されるようになり[4]、九〇年代を通じて通信カラオケが普及する。楽譜をデータ化して電話回線で送り、端末で再生する仕組みである。(5) ブラザー工業は一九八六年、電話回線を利用してパソコンソフトのデータを受信し、フロッピーディスクに記録して販売する「ＴＡＫＥＲＵ」という自動販売機を事業化していたが、このインフラが九〇年代、通信カラオケに転用されることになる（烏賀陽 2008）。

そして既に触れたように、カラオケの普及によって、音楽市場におけるヒットチャートの構造が変わった。テレビ番組やＣＭのタイアップ曲は、カラオケのレパートリーの安定した供給源となり、聴いて共感できるよりも、歌って快感が得られる曲が支持されるようになった（小川 1994）。八〇年代から続く『ミュージックステーション』（テレビ朝日）では、生身の肉体を持った歌手が生出演して持ち歌を披露し、それを受け止める聴衆が存在しているのに対して、一九九三年に始まった『カウントダウンＴＶ』（ＴＢＳ）では、ヒットチャートにそくしてＰＶが断片的に流される。カラオケの隆盛によって、歌手は「情報」になり、聴き手との関係が大きく変容したのである（芹沢 1994）。北田暁大は、カラオケで「歌われるべき歌」を検索したい視聴者に支持されたこの番組を、「物語的な充足を犠牲にすることによって、カラオケという別の社会空間における接続（交換）を可能にするポータルサイトのようなもの」と形容している（北田 2002→2011: 160）。

「インターネット元年」とされる一九九五年の末には、タイトーと京セラマルチメディアコーポレーションが、日本初の家庭用通信カラオケ「Ｘ－55」、通称「メディアボックス」を発売している。家庭のテレビと電話回線に接続することで、カラオケだけでなく情報検索やゲームなどを、パソコン通信やインターネットよりも安く手軽に楽しめる「マルチメディア機器」であることが謳われた。

その前年には、ＡＩの思想的考察などで知られる西垣通が『マルチメディア』（岩波新書）を刊行していたが、この言葉が市井ではまだ、多くの人びとの生活実感となかなか結びつかなかった。まったく同じ頃、「マルチメディアはカラオケで勝利する」（藤尾 1994: 93）などと主張されていて、人びとがそうと意識しないところから情報化の波が寄せていたのである。

4　モバイルな私生活化

レイモンド・ウィリアムズ（Williams, R.）は七〇年代、自動車やテレビが人びとを公的領域に接続させる機能を備えていながら、まるで自閉的な殻のように、人びとを郊外の私的領域に囲い込んでいるという逆説的な事態を見抜き、このことを「モバイルな私生活化（mobile privatization）」と呼んだ（Williams 1974→1990）。日本でも同じ頃、プライバシーが保証された個室で受験勉強をしながらラジオの深夜放送を聴いたり、エアコンの効いた快適な自動車のなかでカーステレオを聴いたりすることが、若者たちの新しいライフスタイルとして注目された。居住環境やメディア環境の個室化にともなって孤立と連帯が結合した若者の心性を、社会学者の中野収は「カプセル人間」と名付けている（平野・中野 1975）。また、一九七九年に発売されたソニーの「ウォークマン」によって、公的空間にいながらにして外界を遮断し、私的に音楽を楽しむことができるようになったのが八〇年代。

酒場でのカラオケが新しい出会いの契機をともない、他者との交流を深める可能性に開かれていたのに対して、カラオケボックスではあらかじめ異質な他者が排除され、同質的な仲間との遊びに閉じている。都市や郊外に遍在していながら、ほぼ完全な私的領域として自閉しているという点で、こうした逆説を九〇年代に継承した(6)。

そしてこれは言うまでもなく、インターネットやモバイルメディアの個人化がもたらした意識の変容にまで通底している。「ネットワークシティ」という概念を提唱する田中大介が指摘するように、「現代社会における都市空間は、高度化した情報空間と重なりながら、それらとも異なる身体性や物質性として現れるモノの手触りとして経験されているのではないか」（田中 2017: 19）。このような問いに向き合ううえでも、ネット前夜の過渡的状況から得られる知見は少なくない。

注

（1）佐藤編（2015）は、雑誌文化がなお「青春」の輝きを放っていた時代として、一九五〇～八〇年代に着目している。

（2）『レジャー白書』によれば、カラオケは一九八〇年代を通じて、余暇活動の参加人口が上位二〇位にも達していなかったが、九〇年に「外食」、「ドライブ」、「国内観光旅行」に次いで四位に急上昇した。その後、二〇〇三年までずっと四位を維持していたが、近年は順位が下がっている。カラオケ人口は一九九三～九五年頃がピークで推計五八〇〇万人。一〇～二〇代の女性のあいだで、カラオケの参加率は二〇一三年まで一位を堅持していたが、二〇一四年に初めて、一〇代女性では「映画」と「SNS、ツイッターなどのデジタルコミュニケーション」に次いで三位、二〇代女性では「ウィンドウショッピング」に次いで二位に後退した。

（3）西日本ではこの頃、国鉄の分割民営化にともなって貨物列車のコンテナが払い下げられ、カラオケボックスに転用されたものが多かったといわれる。

（4）ビデオディスクやレーザーディスク（LD）によるビジュアル化（とくに色変わりの歌詞表示）、選曲数の増大と選曲時間の短縮を実現したオートチェンジャーシステム、あるいは電子音と肉声を構成する電子エコー装置、余興としての採点機能などが実装された。ホームカラオケも情報化を先導しており、一九九〇年度に業界全体で販売された家庭用LDプレーヤーの六五％がカラオケ仕様機だった。また、映像も革新的だった。八〇年代を通じて、CDやファミリーコンピュータといったデジタルメディアが短期間で普及したのに比べて、情報量が大きい映像のデジタル化は大幅に遅れていて、DVDの普及は二一世紀を待たなければならない。それにもかかわらず、カラオケでは映像のデジタル化が例外的に先行しており、静止画を記録できるCDグラフィックス（一九八五年）や、動画の記録が可能になったビデオCD（一九九二年）は、カラオケでの利用を念頭に開発されたものだった。

（5）ミュージシャンを集めてスタジオで録音しなくても、PCにデータを打ち込めばよいので低コストで音源を制作できる。音楽とITの両方に長けた人びとが原盤を聴き、いわゆる「耳コピ」によってデータを作成していった。通信回線には一九八八年に実用化されたISDNがいち早く用いられた。

（6）一九六〇年代の終わり頃、各地に定着したドライブインにおいて、中古バスでカーステレオ・テープなどを移動販売していた人物が、その後カラオケ業界に乗り出して成功を収めたことを踏まえて、ノンフィクション作家の朝倉喬司が「車社会がもたらした「快」の熟成の延長線上にカラオケが構想された」（朝倉 1997: 167-168）というのも、あながち深読みではないかもしれない。佐藤卓己もまた、八トラックテープがもともとカーステレオ専用の技術だったことや、郊外型のカラオケボックスに自動車で乗り付けることが定着していたことなどを踏まえ、自動車とカラオケボックスの近似性をいち早く指摘している（佐藤

1992)。

参考文献

朝倉喬司（1997）「カラオケと現代人」小松和彦編『祭りとイベント』小学館
CUTiE 編集部編（2014）『CUTiE CHRONICLE 1989-1999』宝島社
藤尾二次雄（1994）『カラオケ文化大革命』汐文社
濱野智史（2014）「情報化――日本社会は情報化の夢を見るか」小熊英二編著『平成史［増補新版］』河出ブックス
速水健朗（2013）『１９９５年』ちくま新書
平野秀秋・中野収（1975）『コピー体験の文化――孤独な群衆の後裔』時事通信社
伊藤俊治（1990）「速度都市・ＴＯＫＹＯ」『速度都市ＴＯＫＹＯ'90』都市デザイン研究所
北田暁大（2002→2011）『増補 広告都市・東京――その誕生と死』ちくま学芸文庫
松谷創一郎（2008）「差異化コミュニケーションはどこへ向かうのか――ファッション誌読者欄の分析を通して」南田勝也・辻泉編著『文化社会学の視座――のめりこむメディア文化とそこにある日常の文化』ミネルヴァ書房
森川嘉一郎（2003→2008）『趣都の誕生――萌える都市アキハバラ［増補版］』幻冬舎文庫
小川博司（1994）「カラオケと音楽文化の変容」『思想の科学』一九九四年七月号
佐藤卓己（1992）「カラオケボックスのメディア社会史――ハイテク密室のコミュニケーション」『ポップ・コミュニケーション全書――カルトからカラオケまでニッポン「新」現象を解明する』アクロス・ブックス
佐藤卓己編（2015）『青年と雑誌の黄金時代――若者はなぜそれを読んでいたのか』岩波書店
佐藤俊樹（1996→2010）『社会は情報化の夢を見る――［新世紀版］ノイマンの夢・近代の欲望』河出文庫
ＳＥ編集部編著（2010）『僕らのパソコン30年史――ニッポンパソコンクロニクル』翔泳社
芹沢俊介（1994）「カラオケボックス論」『思想の科学』一九九四年七月号

武田徹（1999）『流行人類学クロニクル』日経ＢＰ出版センター
田中大介（2017）「ネットワークシティとはなにか」田中大介編著『ネットワークシティ――現代インフラの社会学』北樹出版
津金澤聰廣（1993）「大衆文化としてのカラオケ――「素人のど自慢」番組から「ハイテク茶室」へ」『現代のエスプリ』三一二号
烏賀陽弘道（2008）『カラオケ秘史――創意工夫の世界革命』新潮新書
若林幹夫（1990）「交通空間としての都市」『速度都市 ＴＯＫＹＯ'90』都市デザイン研究所
Williams, R.（1974→1990）*Television: Technology and Cultural Form*, Routledge.

II

メディア・リテラシー論の地層

第4章　放送文化の民俗学
――六輔さすらいの旅、その射程

永六輔が「旅の師匠」と仰ぐ民俗学者の宮本常一は、かつて永に、「電波の届く先に行って、そこに暮らす人の話を聞いてほしい。その言葉をスタッフに持って帰ってほしい。スタジオで考えないで、人びとの言葉を届ける仕事をしてほしい」と語ったという（永 2004: 83）。この言葉に裏打ちされた永の旅は、まさしく「放送文化の民俗学」と呼ぶに相応しい実践であった。

テレビ受像機が爆発的に普及した一九六〇年代、ＮＨＫの人気バラエティ番組『夢であいましょう』（一九六一～六六年）の放送作家として成功を収めた永は、それにもかかわらず、テレビの影響力の大きさに危機感を募らせ、次第に距離を措くようになっていた。その帰結として永が身につけた、旅することを通じて放送文化をまなざすという独特の批評的態度は、放送という営み自体が岐路に差しかかっている現在、いったいどのように再評価することができるだろうか。

1　実験放送という原点

永六輔は終生、放送を取り巻く技術の変容に関心を示し続け、時折その期待と不安を表明していた。たとえば、永は二〇〇一年の時点で、ラジオとテレビの両方を受信できる機械が少ないこと、ラジオを聴ける携帯電話がないことなどに疑問を呈していた一方、放送のデジタル化によってテレビ受像機でラジオ番組が聴けること──ある意味、ラジオとテレビの区別がなくなること──を面白がっていた。「ラジオは放送の保守本流を自覚しつつ、革新的でなければなるまい」（永 2003: 172）。テレビの実験放送時代からスタジオに通っていた永らしい、非常にしなやかな発想だった。

永は中学時代、ＮＨＫのラジオ番組『日曜娯楽版』（一九四七～五二年）に投書を始め、やがて三木鶏郎に才能を見出されたことから放送の仕事に関わるようになる。一九五一（昭和二六）年、ラジオの民間放送が開局すると、「小遣いかせぎに日曜娯楽版に投書していた僕のところまで脚本依頼。早大での授業中に書きとばすと局員が教室までとりにくるという状態だった」（永 1965: 178）。かたやテレビに関しては、一九五三（昭和二八）年二月に本放送が始まる前から、実験放送の現場に関わっていた。「六輔は暇があると、実験放送のスタジオを見学しに行った。そこが灼熱地獄ではあっても、最先端技術の現場だから、胸を踊らせて、テレビのスタジオというものを勉強していたのだ。［…］二〇歳になった六輔は、そのテレビ界の最も若いスタッフだった」（永 1986→1990:

130）。その後、「開局当時の日本テレビに寝泊りして、最高一週間に十四本の脚本を書いていた。とても学校へは通えなかった」という[1]（永 1965: 183）。

戦後間もない日本社会のなかで、こうしてラジオやテレビが新たに社会化していく過程に立ち会ってきた永は、それぞれのメディアの特性をあらかじめ固定的に理解するのではなく、それが使用されるなかで次第に発現するものとして捉えるメディア論（＝メディア史）的思考を、経験的に身につけていたように思われる。たとえば、永は九〇年代、荒俣宏との対談のなかで、「テレビの発祥については、先にラジオがある程度普及してその後にテレビが続いてきたというふうに考えがちですが、それは間違いなんだ。テレビはラジオとはもともと別に存在したものなんです」と明快に言い切っている（荒俣 1997: 18）。浜松高等工業学校の高柳健次郎が、ブラウン管のテレビジョン開発に着手した時には、まだラジオ放送は始まっておらず、世界で初めてブラウン管に「イ」の字を映し出すことに成功したのは、一九二六（大正一五）年の冬、大正天皇崩御の日だったと伝えられている。技術史的な観点からみれば、ラジオとテレビがそれぞれ別系統で発展してきた経緯を、永は若い頃から熟知していた。永が一九六五（昭和四〇）年に著した『わらいえて――芸能一〇〇年史』は、古典芸能史に関する初めての著作だが、「イ」の字の実験を「日本のテレビ史の一ページ目」と位置づけ、高柳を招聘した日本放送協会が一九三九（昭和一四）年に実現した実験放送にも言及している（永 1965: 129, 154）。ラジオあってのテレビという意識と、ラジオとテレビはまるで別物という意識。永の活動のなかには、互いに相反する両方の意識が共在していた。

ところで、戦後の実験放送からテレビに関わっていたのは、NHKの和田勉も同じだった。両者とも早稲田大学出身で、和田のほうが三歳年上である。和田は一九五一（昭和二六）年から、実験スタジオのあったNHK放送技術研究所で学生アルバイトとして働いていた。NHK入局後は、上方の漫才・文楽・宝塚を学ぶために赴任を希望した大阪放送局で、実験放送の段階からテレビドラマを演出していた。クローズアップを多用した独特の演出によって頭角を現した和田は、一九六一（昭和三六）年に東京へ異動。和田は晩年、六〇年代の状況を次のように振り返っている。「この時期、自分がとても無理していたようにも思う。それだけ自分がNHKの中で、とても忙しくなってしまったのか、あるいはもしかして、「異端」からテレビ［ママ］「王道」にはいってしまったのか、遂に取り込まれてしまったのか……」（和田 2004: 135）。一九六七（昭和四二）年、チーフ・ディレクターに昇進した三七歳の和田は、「怖いモノ知らず、というよりも、「普通のテレビ」の怪物と化し」（和田 2004: 138）、翌年には大河ドラマ『竜馬がゆく』の演出を担当している。

ＮＨＫのなかで「異端」から「王道」に取り込まれてしまったと振り返る和田とは——あるいは、放送作家からタレントに転身した前田武彦や青島幸男とも——対照的に、永は六〇年代を通じて、テレビの「王道」からあえて距離を措くようになる。

2　「王道」から「異端」へ——放送史のなかの永六輔

周知のとおり、永は五〇年代から六〇年代前半にかけて、ラジオやテレビの放送作家として実績を積み重ねていた。ミュージカルの台本執筆および演出にも取り組んだ。一九六〇（昭和三五）年には、ダヴィッド社刊行の『現代テレビ講座 第一巻（テレビ台本篇）』のなかで、テレビのミュージカル・バラエティの特性について軽妙な文体で述べており（永 1960）、既に随筆家としての才能の萌芽も見られる。また、作詞家としても、「黒い花びら」（一九五九年）、「上を向いて歩こう」（一九六一年）、「こんにちは赤ちゃん」（一九六三年）などを世に送り出し、成功を収めた。永はこの頃、「僕自身、マスコミの中での自分を価値づけることに熱中してきた。ただ、それだけという自覚すらある」と吐露している（永 1964: 41）。

ところが、永は一九六四（昭和三九）年、古典芸能を学ぶために一年間、大阪に留学する。テレビを見限ったわけではない。古典芸能に対する関心については晩年、「もとはと言えば、自分の関わろうとしたテレビというメディアが、どうすれば良くなるか、面白くなるかというところから始めたんですけれども、そういうことに挫折してテレビからは離れたんだけれど、テレビは今でも見つめています」と振り返っている（永 2005: 355）。その後も『夢であいましょう』の構成などを手がける反面、この番組が放送される土曜日以外は、旅に出て過ごす生活を送るようになる。そして、番組が終了する一九六六（昭和四一）年頃を境に作詞を止め、テレビ出演も控えるようになる。その理由について、晩年の言葉を借りておこう。

例えば、歌をテレビで放送するとヒットするんですよ。曲自体がいいっていうことは当然あるんだけれど、歌の本来の良さでヒットしていくんじゃなくて、テレビを通すと何でも受け止められていくということが怖くなったんですね。そのテレビの影響力が不安になったのは今になってみると適中していました。（永 2005: 352）

永は一九六七（昭和四二）年、「われらテレビ乞食」というエッセイを書いている。永は古典芸能の系譜を紐解きながら、生命を賭けて修行し「芸」を演じることが、いわゆる「河原者」が生き抜くための伝統だったのに対して、テレビは「芸」が確立されていない素人の世界で、芸人が権威にさえなっていることを厳しく批判する。そして「テレビを河原と考え、テレビ乞食と自覚するところから、歩き直したい」、「テレビがある以上、僕達の手で日本が、世界が動かせる筈だ」と前向きに宣言している（永 1971a: 14–15）。

その一方、一九六七（昭和四二）年に始まったTBSラジオ『どこか遠くへ』は、二年後の一〇月にタイトルを『永六輔の誰かとどこかで』に改め、二〇一三年九月まで続いた。ラジオパーソナリティとしての実績は、本書で改めて語るまでもないだろう。放送の送り手と受け手が急速に乖離していくなかで、それでもなお、双方が互いに結びつき、表現と受容の循環を回復していくための道筋を、永は模索していたといえる。ラジオを通じて、送り手と受け手の関係性の密度を維持しようとしていた姿勢は、まるで放送史を巻き戻しているかのようである。言い換えれば、永はラジオというメディアの未来に賭けたのではなく、古典芸能に対するまなざしと同じように、過去から継承されてきた可能性に寄り添う選択をしたのだった(2)。

「王道」から「異端」へ――。野坂昭如は一九七〇（昭和四五）年、永について、「その才能もさることながら、たえることのない自己否定のくりかえしで、生きてきたとよくわかる。どこにとどまっていても、大家として遇されたろうに、席あたたまる暇なく、綱渡りをして自分をしごきたてている」と評している（野坂 1970: 214）。もっとも、山口昌男を引き合いに出すまでもなく、文化の新しいダイナミズムは往々にして、その中心ではなく、図らずも周縁から生まれることがある。その好例のひとつが、同年に始まった『六輔さすらいの旅　遠くへ行きたい』（読売テレビ）である。

3　技術と表現のシナジー――『六輔さすらいの旅　遠くへ行きたい』

永六輔は一九七〇年（昭和四五）一〇月から毎週、国鉄の「ディスカバー・ジャパン」キャンペーンと連動して始まった同番組に出演することになる。いわゆる「ＴＢＳ闘争」(3)を経て、同年にＴＢＳを退社した萩元晴彦、村木良彦、今野勉たちが設立した番組制作会社「テレビマンユニオン」

が、制作を担当することになった。『話の特集』編集長の矢崎泰久を介して企画を持ち込まれた永は、自らの作詞、中村八大作曲の「遠くへ行きたい」（一九六二年）をテーマ曲にするとともに、この歌をそのまま番組名にすることを提案したうえで、とりあえず半年間、旅人として毎週出演することを承諾した。

「私は日本国中を自分の意向で勝手に旅をしていますから、その姿をそのまま撮ればいいじゃありませんか」というのが、永が提示した番組案だった。[4] 永は、旅先で行き交う人たちとの自然な会話こそが、旅情を演出する上で重要であると考えていたという。なるべくこれを実現するために、制作陣は、同時録音が可能な小型フィルムカメラ「アリフレックスＢＬ４００」を起用した。四〇〇フィートのフィルムで一一分の撮影が可能な、当時としては最先端の撮影機材である。従来、同時録音ができるカメラは、重くて肩に担ぐことができないうえ、震動にきわめて弱い。逆に小型のフィルムカメラは同時録音ができないので、デンスケなどの小型録音機を併用しなければならなかった。少し長くなるが、カメラマンの佐藤利明の回顧を引用しておきたい。

偶然会ったお婆さんに「今までで一番遠くへ行ったのは何処ですか」と永さんが尋ねて「戦死した息子が祀られている靖国神社と、帰りに寄った華厳の滝さね」と、現地ならではのゆったりした訛りのやりとりが録られています。当時こういう場面がテレビ番組に登場したこと自体が画期的だったのです。

今思うと『遠くへ行きたい』の初期のころは、永六輔さんの卓抜の旅人ぶりと同録カメラの新鮮な機能に絶えず触発され続けていた気がします。たとえば、村木良彦さん演出の二二回『古都・津和野』では、ロケ先で永さんから「この街を歩いていると、習い事の音色・歌声や機織りの音が至る所から聞こえてくる」と聞かされて［…］思いついたのは、細い路地が交差する津和野の街を永さんが自転車に乗ってゆっくり走る。その姿を同録カメラを背負った私が、やはり自転車に乗って追いかける途方もないものでした。（佐藤 2005: 78–79）

機動性の高い同録カメラを手に入れたことに加えて、ピンマイク、カンマイク、ワイヤレスマイクといった機材も、日本で初めてこの番組で使用された（荒俣 1997: 274）。『遠くへ行きたい』は、地方の日常的な風景を――従来のように、祭事をはじめとする出来事《イベント》だけにカメラを向けるのではなく――テレビが捉える端緒となった番組である。今野によれば、「新しい技術が新しい番組を作る、新しいコンセプトの番組は、新しい技術によって実現する、という確信が、こうして、私たちの間に生まれていった」という（今野 2009: 469）。

その反面、永にとって『遠くへ行きたい』は、テレビからますます距離を措くきっかけになった番組のひとつでもある。

ディレクター、カメラマン、カメラ助手、録音、製作進行とギリギリに制限しても、機械をかかえた男が五人。多いときには十人。

それもヘンな帽子をかぶったり、派手なジャンパーを着たり、時には奇声をあげながらマイクロバスでやってきたりして「どうぞ、自由に旅をして下さい」とはよくもいえたもんだ。

それを又、こうなると気づかなかった僕はなんてまァオッチョコチョイだったか。

[…]

スタッフは交替で現われるが、僕は毎週の続演だから欲求不満がつもりにつもる。

「よくもだましたな」と叫ぶと「みて下さい、最近こんなにも話題になっている番組はないのです、ほとんどの新聞が誉めているじゃありませんか」

新聞の切抜きをもってきてニヤニヤする。

僕は滅多に誉められたことがないから同じようにニヤニヤしてしまう。

しかし、心の底では「聴視者までだまされている」と罪の意識に苦しむのである。（永 1972: 17–18）

放送開始から半年で二六回の旅をおこなったが、「永は疲れきり、後続プロデューサーを矢崎とし、『話の特集』の常連寄稿者、野坂昭如、五木寛之、伊丹十三、立木義浩を出演者とすることを条件に番組の継続を了承した」（今野 2005: 57）という。永は「僕だけの旅を売り渡してしまったことに後悔もする」という反面、「ユニオンのスタッフ、一人一人の仕事に対する熱意と、善意が、この番組を創りだしてくれる」（永 1972: 25）と言い、制作陣に対して強い畏敬の念を抱いていたからこそ、晩年まで不定期出演を続けた。村木良彦はＴＢＳ闘争の渦中、「テレビジョンは異端を必要としている」と宣言した（村木 1968）が、そうした信念を永も共有していたに違いない。

4　一望の荒野へ――放送文化の民俗学

一九六一（昭和三六）年、永六輔が出版した初めての著書『一人ぼっちの二人』に、「テレビの見かた・楽しみかた」という短いエッセイが収録されている。「あきれた友達がいた」という書き出しで、たとえば、西部劇の音を消して「トイレはどこだ」「よし、ここでウンコだ」「ああ、スーッとした」という三つの台詞だけを繰り返し当てて楽しむ人、料理番組が終わる時刻に放送局を訪ねてご馳走してもらう人など、次々と「あきれた友達」を紹介していく。そして締めくくりは、

とにかく、僕の友達には真面目にテレビを見ている奴がいない。トランジスター・テレビをベッドに持ちこんで抱きしめ、美女のアップにキスする奴。

野球中継以外は見ないで、ボール、ストライクにいたるまで賭ける奴。

美容体操の先生をサム・コービン風に見てニヤニヤする奴。

思い出したらキリがない。

> 僕は放送作家だから活字が苦手だ。そろそろ疲れたからもうやめる。見ている奴のことなんか気にしていられるか。ああ、馬鹿馬鹿しい。（永 1961→1978: 126）

これらのエピソードが実話かどうかはともかく、「ああ、馬鹿馬鹿しい」という言葉とは裏腹に、永はこの頃から既に、視聴者を「ひとかたまり（＝mass）」に捉えるのではなく、その多様さ、豊穣さを面白がっていたことが分かる。

永が宮本常一の知遇を得るのは約一〇年後、『遠くへ行きたい』の旅人を務めていた時期である。そして永は同じ頃、アメリカＦＣＣ（連邦通信委員会）委員長だったニュートン・ミノー（Minow, N.）が一九六二年、「テレビは一望の荒野（a vast wasteland）」と発言したことに触れ、「僕は最近、その荒野がみえるようになった。そして荒野って好きだ」と述べている（永 1971b→2005: 178）。永の旅は、テレビという一望の荒野を見据えつつ、伝統芸能としてのラジオを通じて、放送文化のありようを鋭く批評するものだった。後年になると永自身、「宮本さんまではいかないけど、ものの見方や話し方は民俗学だと。改めて言っておこう、私は民俗学者の永六輔だ！（笑）」、「宮本常一はすばらしい仕事をたくさん残したけれども、永六輔というのも宮本さんが作った仕事の一つだという人もいた」と話すこともあった（永・矢崎 1996: 293）。

放送研究の系譜と照合しても、永は稀有な存在である。日本の放送研究は当初、アメリカの社会心理学的なマス・コミュニケーション研究の理論に依拠するところが大きく、定量的な調査手法を前提とするものが圧倒的に多かった。七〇年代以降、放送研究は大衆消費社会論とも結びついたが、それでも依然として、聴取者や視聴者の特性を画一的に処断する傾向のほうが優勢だった。

その一例として、第3章でも言及した、社会学者・中野収の「カプセル人間」論が挙げられる。七〇年代から八〇年代にかけて、個性的なＦＭ放送局が少しずつ開局する一方、カーステレオやウォークマンによって音楽を携帯することが可能になる。これによってリスナーの共同性が徐々に後退していくとともに、人びとの音楽聴取の差異化が決定的に進行していった。深夜放送が結びつけるのは、あくまでも無数の個室であって、若者たちは主観的には連帯しない。トランジスタラジオを放り込んだ自動車、あるいはカーステレオが装備された自動車もまた、移動する個室になる。こうした個室性にもとづく孤立と、新しいマスメディア環境にもとづく連帯が結合した若者の心性を、建築家・黒川紀章が「カプセル宣言」として提起した文明観を踏まえて、中野は「カプセル人間」と名付けたのだった（平野・中野 1975）。

それに対して、『テレビ時代』（一九五八年）や『見世物からテレビへ』（一九六五年）などによって、いち早くテレビの可能性を論じた社会学者・加藤秀俊は、本書の「はじめに」で述べたとおり、家族集団におけるマス・コミュニケーションの受容過程について民族誌的な分析をおこなっている（加藤 1958）。ところがこうした視座は、イギリスのカルチュラル・スタディーズにおいて、オーディエンス研究の民族学的転回とでもいうべき、受け手の能動性に着目した「オーディエンス・エスノグラフィ」の潮流が起こる八〇年代まで、ほとんど広がりを見せることはなかった。近年になってようやく、メディア研究における人類学的アプローチの重要性が広く語られるようになってきたが、マス・コミュニケーション研究が武器としている定量調査の分析記述に比べて、実証的な方法論をいまだ十分に深化させることはできていない。

永は「フィードバック」という言葉を、宮本から教わったという。送り手と受け手との循環性を回復しつつ、放送という文化現象の全体を捉えていくという視座は、次章で焦点をあてるメディア・リテラシーの理念とも通じる。ラジオやテレビの輪郭が曖昧になり、「聴取者」や「視聴者」という概念が軒並み自明性を失っている今だからこそ、電波の届く先に目を向け、そして足を向けた永の実践から、われわれが継承すべきことは多い。

注

（1）一九六四年刊行の『一流の三流』には、「週に二十本」とある（永 1964: 201）。

（2）「テレビにはない、ラジオならではの能力・機能をみんなが、どう探し出すか、ということはあるにしても、それが探し出せればラジオに未来はあるかといえば、それは、やはりないのではないか。ラジオは、伝統芸能だと思えばいいのだ」（永 2004: 98）。

（3）TBS闘争の経緯については、萩元・村木・今野（1969→2008）を参照。

（4）本文の記述は主として、テレビマンユニオン編（2005）に依拠しているが、永の言い分は異なっている。「世の中には悪い奴がいて、僕が旅をしているのを、そのまま取材したいという話があった。「あなたがさすらう姿をカメラでとらえたい、勿論、あなたには迷惑をかけません、あなたはいつものように一人で行きたいところへ行って下さい、野宿したければして下さい、自由にふるまって下さい、それをレンズが追うだけです［…］スタッフを無視していてもいいのです」この数年、土曜日だけは東京にいるという生活が続いているから、僕のたびにそっとついてくるというのを拒否する理由もない。と、その時に思ったのが浅はかだった」(永 1972: 15–17)。

参考文献

荒俣宏（1997）『TV博物誌』小学館
永六輔（1960）「ミュージカル、ヴァラエティの書き方」飯島正編『現代テレビ講座 第一巻（テレビ台本篇）』ダヴィッド社
永六輔（1961→1978）『一人ぼっちの二人』中公文庫
永六輔（1964）『一流の三流』サンケイ新聞出版局
永六輔（1965）『わらいえて――芸能100年史』朝日新聞社
永六輔（1971a）「われらテレビ乞食」『われらテレビ乞食』白馬出版
永六輔（1971b→2005）『役者 その世界』岩波現代文庫
永六輔（1972）『終りのない旅――本誌特別大特派』ベルブックス
永六輔（1986→1990）『坂本九ものがたり――六・八・九の九』中公文庫
永六輔（2003）『想像力と創造力（三）――ラジオで見えるニッポン』毎日新聞社
永六輔（2004）『伝言』岩波新書
永六輔（2005）「四十年ひと回り――「岩波現代文庫版あとがき」に代えて」『芸人 その世界』岩波現代文庫
永六輔・矢崎泰久（1996）「巻末対談――六輔その世界・番外編」『永六輔の特集』自由国民社
萩元晴彦・村木良彦・今野勉（1969→2008）『お前はただの現在にすぎない――テレビになにが可能か』朝日文庫
平野秀秋・中野収（1975）『コピー体験の文化――孤独な群衆の後裔』時事通信社
加藤秀俊（1958）「ある家族のコミュニケイション生活――マス・コミュニケイション過程における小集団の問題」『思想』一九五八年二月号

今野勉（2005）「テレビマンユニオン創立を支えたまわりの人々」テレビマンユニオン編『テレビマンユニオン史――１９７０‐２００５』テレビマンユニオン
今野勉（2009）『テレビの青春』ＮＴＴ出版
村木良彦（1968）「テレビジョンは異端を必要としている」『三田新聞』一九六八年五月一日・八日号
野坂昭如（1970）『野坂昭如エッセイ集３――風狂の思想』中央公論社
佐藤利明（2005）「初期技術史」テレビマンユニオン編『テレビマンユニオン史――１９７０‐２００５』テレビマンユニオン
テレビマンユニオン編（2005）『テレビマンユニオン史――１９７０‐２００５』テレビマンユニオン
和田勉（2004）『テレビ自叙伝――さらばわが愛』岩波書店

第5章　送り手のメディア・リテラシー
――二〇〇〇年代の到達点、一〇年代以降の課題と展望

1　地方局のショッピングモール進出

岡山県岡山市に二〇一四年一二月五日、巨大商業施設「イオンモール岡山」が開業した。ＪＲ岡山駅と地下街で直結しており、西日本の旗艦店と位置づけられている。中心駅前の一等地に立地するイオンモールは前例がない。館内には約五〇台のデジタルサイネージが遍在しており、中心部の吹き抜けには三〇〇インチの巨大スクリーンが設置されている。さらに特筆すべきは、岡山県と香川県を放送区域とする岡山放送（ＯＨＫ）が、（サテライトスタジオではなく）メインスタジオおよびオフィスの主要部分をここに移転したことである。その一方、モール独自のインターネットテレビ

放送局「haremachi TV」も常設されており、ＯＨＫが運営協力している。館内のデジタルサイネージに番組が生配信されるほか、インターネットでも配信される。イオンモール岡山に備わった情報発信機能は、現在の「テレビ」を取りまくふたつの潮流を象徴している。

その一方は、狭い意味での「テレビ」、すなわち放送事業体としてのテレビの地殻変動である。東京においては九〇年代以降、お台場を皮切りに、六本木、汐留、赤坂において、それぞれ民間キー局の新社屋が入居する巨大複合施設を核とした大規模再開発が進んだ。近森高明が指摘しているように、「かたやテレビ局はブランド性のある場所を求め、かたやまっさらな再開発エリアはシンボリックな文化性を帯びた施設を求める」。キー局が主催するイベントは二〇〇〇年代以降、社屋およびその周辺地域で開かれることが定番となり、その街に賑わいを創出することが明確に企図されている。「それはテレビ局同士の競争でもあり、新興の「街」同士、言い換えれば資本と土地というリアルの競争でもあった(1)」（近森 2013: 164-165）。

それに比べて、地方都市の放送局は今でも、城の外堀に隣接していたり、行政区域のなかにあったり、市街地の賑わいとは乖離した閑静な場所に位置していることが多い。ＯＨＫの本社もその例外ではない。同社の担当役員（当時）によれば、二〇〇〇年代以降、テレビ広告の縮小傾向のなかで試みてきた打開策のほとんどが、二〇〇八年のリーマンショックで吹き飛んでしまった反面、「地域メディアであるわが社の成長は地域の発展と共にしかあり得ない」という確信を得た（高橋

図5-1　岡山放送主催「ECCテレビ局」（2015年）

2014: 24）。イオンモール岡山がはたして「単なる商業施設にとどまらず、公共性を有した施設として地域活性化の装置」になりうるか否かはともかく、この決断によってＯＨＫが目指しているのは、「ポスト地デジ化の地方局のあり方の一つ」としての「顔が見える視聴者とのリアルなコミュニケーション」である。そしてそれは「送り手・受け手という従来のテレビの概念を大きく飛び越え、制作者、視聴者、消費者、商業施設、自治体などが一体となった新しいメディアの領域を切り拓く可能性」であるという[2]（高橋 2015: 25）。

そこで、視聴者とのコミュニケーション回路を構築する試みのひとつとして、ＯＨＫは二〇一五年五月、イオンモール岡山の館内にある大手英語教室と提携し、小学生を対象とした番組制作ワークショップを主催した（図５－１）。参加した子どもたちは、スタジオ内で情報番組の生放送を見学したあと、簡単な英語で短いニュース原稿を書き、アナウンサーと一緒にスタジオでキャスター体験をした。子どもたちが送り手の立場を経験してみることで、テレビというメディアの特性をより深く理解してもらうことに加えて、このワークショップに関わった局員たち自身が、テレビが置かれている社会的状況を日常業務とは異なる視角から再認識し、これからの放送の役割を考えるための再教育というねらいもあった。こうした考え方は、テレビを介したコミュニケーションを送り手が反省的に捉え、プロフェッショナリズムのあり方を見直すという意味で、「送り手のメディア・リテラシー」と呼ばれてきた。深刻な「テレビ離れ」と向き合い、克服するための試行のひとつといえるだろう。

開業から五年のあいだにＯＨＫは、イオンモール岡山の館内にあるホールを活用したイベントなど、商業施設のなかにオフィスがあるという利点を最大限活かした企画を相次いで打ち出している。haremachi TV の仕組みを活用して、モールとネットで生配信した音楽番組を、後から地上波で放送するという取り組みもおこなわれている。まだ試行錯誤を重ねている面もあるが、総務省で二〇一八年一一月から始まった「放送事業の基盤強化に関する検討分科会」では、地方民放の基盤強化に関するモデルケースのひとつと目されているようである（飯田 2019）。

そして他方には、広い意味での「テレビ」、正確にいえば「テレビ的なもの」の拡散という潮流がある。「テレビ離れ」とは、若年層のテレビ視聴時間が減少傾向にあることに加えて、ネット動画視聴の浸透などにともない、テレビという装置に対する意識が希薄化している面もある（執行 2012）。たしかに二一世紀に入ると、ブラウン管はあっという間に私たちの日常生活から姿を消し、薄型ディスプレイが急速に普及した。屋外では都市の街頭から電車の車両内まで、いたるところにスクリーンが配備され、映像が遍在している。また、スマートフォンやタブレットなどの携帯端末によって、手のひらのうえで映像を扱うことが当たり前になった。こうして端末が複数化するなかで、「視聴者（audience）」という概念も自明性を失いつつある。イオンモール岡山で運営されているインターネットテレビもまた、こうした「テレビ的なもの」の一翼を担っており、ここはスクリーンが遍在する社会を端的に象徴する商業施設といえる。

かたやインターネット上では、放送中の番組に対する反応が、ソーシャルメディアなどを介して可視化されるようになって久しい。放送局や大企業によるオンデマンド配信も充実しているが、ユーチューブ（YouTube）をはじめとする動画配信プラットフォームでは、「ユーチューバー（YouTuber）」や「ニコ生主」と呼ばれる個人が、さまざまな映像表現を実践するようになった。「弾幕」と呼ばれるコメントを通じて参加者同士が盛り上がる雑談放送は、しばしば戦後の街頭テレビにも喩えられた（→第9章）。送り手になることの敷居が格段に下がり、アマチュアリズムの裾野が大幅に拡がったことで、「送り手のメディア・リテラシー」は新たな局面を迎えているといえよう。

そこで本章では、放送事業体としてのテレビの変容を踏まえて、放送局が主体的に取り組んできた「送り手のメディア・リテラシー」活動の課題と展望を明らかにする。(3) 以下ではまず、「送り手のメディア・リテラシー」という概念の系譜を跡付けたうえで、二〇〇〇年代を通じて日本民間放送連盟（以下、民放連）が取り組んできたメディア・リテラシー実践プロジェクトを振り返り、「送り手のメディア・リテラシー」活動の到達点、およびその学問的意義について検討する（＝第2節）。ところが近年、「テレビ離れ」による送り手と受け手のいっそうの乖離にともない、若年層を対象とした「送り手のメディア・リテラシー」活動もまた、困難を増している。そこで、こうした問題意識を踏まえて筆者が実践したワークショップを事例として、今後の展望を述べる（＝第3

節)。そして最後に、インターネットに媒介された表現に目を移すと、そもそも送り手/受け手という区分自体が溶解していることを踏まえ、メディア・リテラシーという概念をめぐる根源的な課題について言及しておきたい(=第4節)。

2 「送り手のメディア・リテラシー」の到達点

(1) 「送り手のメディア・リテラシー」とは何か

日本の放送現場で「送り手のメディア・リテラシー」という概念が提示されるきっかけのひとつとなったのは、一九九四年の松本サリン事件にともなう報道被害に対する反省であった。NHKの労働組合である日本放送労働組合は翌年、「メディアリテラシー研究会」を設置しており、その成果は『メディアリテラシー——メディアと市民をつなぐ回路』(メディアリテラシー研究会編 1997)、『送り手たちの森——メディアリテラシーが育む循環性』(日本放送労働組合編 2000)の二冊にまとめられた。送り手と受け手がメディア・リテラシーを媒介として、対話を通じた循環性を回復することの重要性がいち早く指摘されている。二〇〇三年度には日本放送労働組合関西支部も、「送り手のメディア・リテラシー」という連続セミナーを主催している(4)。

境真理子は二〇〇〇年、『送り手たちの森』のなかで「送り手のメディア・リテラシー」を次のように規定している。

現在進行形で獲得していく能力で、現場知識は土台になるが力の一部でしかない。放送局に所属しニュースや番組を作っていれば自動的に身につくものでもない。影響力の大きい危険物としてのメディアを扱う者が、日々学び取っていなければならない本質的で不可欠な能力、自己検証の力が、送り手のメディアリテラシーと考えている。（境 2000: 146）

すなわち、視聴者が容易に知りえない放送の「裏側」を知っていても、送り手にメディア・リテラシーが備わっているとはいえない(5)。境は、受け手を陸に棲むもの、送り手を海や川に棲むものに喩え、陸から海に石を投げても、波紋の広がりを見ることはできるが、水の深いところは推し量ることができず、生態系を知ることができないと述べている。海や川（＝送り手）の豊かさが森（＝受け手）によって育まれるように、メディア・リテラシーは環境破壊を抑えるための循環的活動につながる。しかし当時はまだ、メディア・リテラシーという概念に関心を向ける送り手はきわめて少なかった。その背景として境は、①プロの立場を脅かされるのではないかという不安にもとづく防御反応、②的外れな批判を受けたくないという拒絶反応、③メディア・リテラシーは視聴者の概念であって自分たちには関係がないという無関心、の三点を指摘している（境 2000: 149-150）。

なお二〇〇〇年は、ジャーナリストの菅谷明子が『メディア・リテラシー――世界の現場から』を出版した年でもある。菅谷は当時、イギリス、カナダ、アメリカの教育現場、メディア業界、市民団体などの取り組みの実態を、卓越した取材力で描写した（菅谷 2000）。この本で紹介された各国の事例の多くは、これまで情報の受け手に甘んじていた人びとが、ビデオカメラやインターネットなどの新しいテクノロジーを用いて、既存の情報の流れを組み替えようとする活動に他ならない。この頃からメディア・リテラシーは、単にマスメディアの情報を注意深く読み解くだけではなく、現代のメディア社会を主体的にデザインしていく思想を内包する視座として、少しずつ理解が広がっていった。

水越伸は同じ頃、メディア・リテラシー論の系譜を、①マスメディアの批判的受容、②メディアに関わる学校教育の理論と実践、③情報産業による生産と消費のメカニズムのなかに見出し、「メディアが組み換え可能な構成体であることに覚醒し、メディアに媒介された市民のコミュニケーション回路を生み出していくための思想的よりどころ」（水越 2002: 128–129）として、その有効性を捉え返した。さらにメディア・リテラシーという営みを、メディアの使用活動／受容活動／表現活動という、互いに相関する三つの階層化されたコミュニケーション活動として再解釈したことによって、送り手と受け手のリテラシーをことさら区別して考える必要がなくなった。現代社会に生きるすべての人びとは、同じ成分からなるメディア・リテラシーのスペクトルを共有しており、送り手と受け手といった立場の違い、あるいはメディアの違いなどによって、その比率が異なっているに過ぎないと解釈できるからである。言い換えれば、極端な比率の違いこそが、送り手と受け手の乖離を生じさせている。「このように全体的・複合的なコミュニケーション活動としてメディア・

リテラシーをとらえてみると、これまでともすれば受け手に対する啓蒙活動としてとらえられてきたこの概念の意味がにわかにふくらみを持ちはじめ、送り手と受け手を結びつけるきずなとしての役割を持っていたことに気付かされる」（水越 2005: 168）。

こうした視座は、メディア教育の動向とも通底していた。小・中・高等学校の学習指導要領のなかで、いわゆる「活用型の学力」の育成が謳われるようになったことで、メディア制作をおこなう学習活動の可能性が追究され、表現能力に関する実践研究の重要性もいっそう高まってきた（中橋 2014）。また、鈴木みどりは九〇年代なかば、地域メディアが積極的にメディア・リテラシー教育のための「市民の広場」を設けることの意義をいち早く指摘していたが（鈴木 1996）、地域メディアや市民メディアにおけるパブリック・アクセスの理念や実践と有機的に結びつき、メディア・リテラシーに裏打ちされた表現活動がさかんに展開されたのも二〇〇〇年代のことである(6)。

こうしたメディア・リテラシー概念を媒介として、放送の送り手と受け手を結びつけ、表現と受容を循環する回路を構築しようという取り組みがおこなわれるようになった。とりわけ、民放連が二〇〇〇年代を通じて、水越を中心とする共同研究グループと連携して展開した「メディアリテラシー実践プロジェクト」（以下、民放連プロジェクト）が果たした役割は大きい。

(2)　日本民間放送連盟メディアリテラシー実践プロジェクト

民放連がメディア・リテラシー活動に関心を向けるようになった直接の契機は、一九九七年以降に社会問題化した凶悪な少年犯罪をきっかけに勃発したVチップ論争の顚末だった。Vチップとは、表現規制基準（レイティング）対象の番組の受信を制限するために、受像機に取り付けられる半導体のことである。緊迫した攻防を経てVチップ導入は回避されたが、放送局はさらなる自主規制の徹底を求められるようになった。民放連が一九九九年六月に発表した「「青少年と放送」問題への対応」には、「メディアリテラシーの向上」が掲げられ、同年一一月から一二月にかけて加盟局全社で、小学校高学年を対象としたメディア・リテラシー教材番組『てれびキッズ探偵団――テレビとの上手なつきあい方』が放送された(7)。これを大きな転機として、メディア・リテラシー活動の模索が各局で始まり、二〇〇〇年以降、子どもたちが主役のフォーラム、モニター制度、番組審議会などの試みが少しずつ広がった。いわゆるCSR（企業の社会的責任）の観点も相まって、社内見学や体験学習、出前授業なども重視されるようになっていった。

民放連プロジェクトは、二〇〇一～〇二年に加盟局四社で実施されたパイロット研究（東京大学情報学環メルプロジェクト・日本民間放送連盟編 2005）を経て、二〇〇六年度から一〇年度までの五年間、公募を通じて助成対象となった加盟局一三社が、放送局と地域の子どもたちによる番組制作の試みを実践した(8)。専門家が放送の仕事を分かりやすく伝えることが目的ではない。送り手と受け手が番組制作を通じてリテラシーを学び合い、表現と受容が循環する対話の回路を構築することがねらいである。筆者は二〇〇八～〇九年度、民放連プロジェクトのアドバイザーのひとりとして、派遣先の実践社（岡山放送、南海放送、和歌山放送）とそれぞれ協働して、メディア・リテラシー活動のプログラム開発をおこなった(9)。

このプロジェクトの最大の特徴は、番組の読み解きではなく、表現から学ぶことであった。身体を動かし、グループで番組をつくることで読解が深まり、その結果さらに表現が高まる。結果よりも過程を重視した活動であることは言うまでもない。制作された番組はその出来栄えにかかわらず、何らかのかたちで必ず放送することが助成の条件に加えられていた。番組の作り手という立場を子どもたちが経験するだけでなく、放送の送り手であることの社会的責任を意識してもらうためである。専門家が監修した教材番組を多くの視聴者に向けて放送するほうが合理的かつ効率的に思えるし、学校教育や社会教育などにおけるメディア・リテラシー活動に比べて、このプロジェクトに参加できる受け手の数が圧倒的に少ないのはやむをえない。その反面、相当数の送り手が通常業務とは異なる濃密な体験を通じて、放送とは何かを捉え直すことに大きな眼目があった。

その中心的な手法のひとつが、ワークショップという方法論であった。ワークショップは一般的に、言語化しにくい知識や技能を身につけるための参加体験型の学習方法として知られており、メディア・リテラシーを身体的に学ぶための教育実践にも広く活用されている（水越・東京大学情報学環メルプロジェクト編 2009）。また、企業研修やまちづくりにおける合意形成や、美術や演劇といった創作活動の手段のひとつとして、ワークショップが設定されることもある。「たんに実践的、学習的なものではなく、批判的、分析的な働きをも併せ持つ」という「批判的メディア実践」を提唱した水越は、日常生活のなかで無意識的に染みついた、メディアをめぐる価値観、慣習的な身体技法、言語化されない感覚などを刹那的に異化し、そのオルタナティヴなあり方を構想するための知的エンジンとして、ワークショップという方法論を位置づけている（水越 2007: 57）。なお、ワークショップを通じたプロジェクト参加者の意識変化、学びの効果などについては、駒谷真美が詳細な分析をおこなっている（駒谷 2008; 2009）。

(3) 新しい「送り手研究」としての展望

二〇〇〇年代なかばになると、個別のやらせや誤報のみならず、NHKの信用失墜、フジテレビやTBSの産業的攻防といった構造的問題も浮上し、放送業界を取りまく環境の厳しさがいっそう、メディア・リテラシーに対する社会的関心を高めていった（飯田 2005）。さらに二〇〇六～一〇年度までの五年間は、二〇一一年七月の地上デジタル化完了にともなう設備投資も控え、放送産業自体の見通しが不透明な時期だった。民放連プロジェクトに参加した送り手に対するインタビューを分析した境は、その経験の意義を次のように説明している。

まず、実践という待ったなしの取り組みに直面することから、強い思いや感情の吐露が現れる。[…] 次に、放送の仕事を再確認し、組織を対象化していく。対象化の作業は、さらにテレビを相対的、自省的に捉えることにつながり、その影響力をあらためて認識する。そこから批判が生まれるが、同時に、批判は放送の未来像を描く発展的な構想へと螺旋的につながっていく。（境

2012: 203)

このように、送り手の省察的実践という特徴を持つ民放連プロジェクトは、新しいタイプの「送り手研究」を生み出す可能性を示唆している（水越・林田 2010）。

そもそも、テレビの受容能力に重点を置くリテラシー教育が八〇年代以降、鈴木みどりが主宰したＦＣＴなどが先導することで充実していったにもかかわらず、放送業界のなかでなかなか理解が進まなかったことは、マス・コミュニケーション研究やカルチュラル・スタディーズにおける「受け手研究」の充実に比べて、「送り手研究」が圧倒的に不足していることと照応している[10]。高木教典や桂敬一などが六〇年代以降、実証的に取り組んだマスメディア産業論の先駆的な蓄積には、相当の厚みがある。ところが九〇年代以降、多くの研究がメディアの受容と消費の現場に焦点をあててきたのに対して、メディアの表現や情報生産の現場を捉えた調査研究はごく少ない。ここまで述べてきたように、送り手を取りまく状況が大きく変容している今だからこそ、「送り手研究」の再構築が社会的に要請されている[11]。こうした問題意識から、林田真心子は民放連プロジェクトに、メディア・リテラシー活動としての意義だけでなく、送り手に対するアクション・リサーチとしての可能性を事後的に見出している（林田 2012）。

民放連プロジェクトの助成は単年度であり、放送局が独自にメディア・リテラシー活動を複数年度にわたって継続できた事例はそれほど多くなかった。また、活動を継続することで初めて生じる成果や課題についても、まだ充分に明らかになっていない。二〇〇〇年代に全国各地で醸成されたメディア・リテラシー活動を批判的に総括するとともに、とくに地方局の置かれた厳しい現況を踏まえ、今後のあり方を展望することは喫緊の課題である。

3 協働型メディア・リテラシーの課題と展望

(1) 「テレビ離れ」を越えて

二〇〇五年に出版された『送り手のメディアリテラシー——地域からみた放送の現在』において、黒田勇は「送り手のメディア・リテラシー」を次のように規定していた。

逆説めくが、「受け手にリテラシーを期待してはいけない」「受け手は、送り手に安心して任せている」とも考えられよう。とりわけ日常生活に入り込んでくるテレビはそう言えるだろう。受け手は居間で寝っころがって、のんびりと画面を眺めているだけだという場合も多い。積極的に、そして能動的にテレビ内容に働きかけるよりは、受動的に眺めている人が圧倒的に多い。ある意味ではそれがテレビなのだ。

その視聴者に「リテラシー」が必要だと呼びかけるより前に、その委託に答えるだけ十分に受け手のニーズが理解できているのか、どのような潜在的ニーズがあるのか、どのような表現が必要なのか、などなど送り手自身が放送というメディアの社会的役割、文脈を理解し、実践していく必要があるのではないか。（黒田編 2005: vi-vii）

ところが、それから一五年が経過し、テレビというメディアの特性自体はまったく変わってないとしても、「居間で寝っころがって、のんびりと画面を眺めている」視聴者像は、少なくとも若者たちのあいだでは、次第に過去のものになりつつある。景気低迷の影響だけではなく、インターネットの普及にともない、放送業界が抱えている深刻な構造不況。テレビに対して批判や不信が強まるどころか、関心自体が低下していることは否めず、視聴者に安心して「委託」されていることを自明の前提とすることも、難しくなっているといえるだろう。

ＯＨＫは二〇〇八年度、民放連プロジェクトの助成を受けている。当時、スポット市場の縮小というテレビ営業の苦境に対して、有効な手立てを見出すことができておらず、視聴者との新しい関係づくりを現状脱却の起点とすべきという考えが応募動機だったという。「それまで視聴者は限られたメディア選択の中で「テレビはこんなもの」と許容していたことも、多くのメディアに接し、また自らが手に入れた情報発信能力と比較して、既存のテレビに不満や批判の声を上げ始めた」のではないかという危機感が明確に認識されていた（高橋 2009: 26）。「これまでの「視聴者対応」を、われわれは一刻も早く現実にあわせた「視聴言動者対応」に変化させなければならない」（高橋 2009: 29）という問題意識が、冒頭で紹介したショッピングモール進出の実現にまで連なっている。

それにしても、「テレビ離れ」が進行しているとすれば、もはやテレビの受け手ではない（かもしれない）若者たちが、いきなり番組制作を体験するというのは、はたしてこれまでどおり、送り手と受け手の循環につながるのだろうか。双方のあいだで協働型メディア・リテラシーを螺旋状に発展させていくことはできるのだろうか。テレビを取りまく厳しい現状を踏まえ、それでもなお、「送り手のメディア・リテラシー」活動はいかにして可能なのだろうか。

(2)「情報」から「演出」へ

こうした問題意識のもと、筆者は二〇一二年一〇月、民放連メディアリテラシー活動助成事業の一環として、広島ホームテレビと協働して、大学生を対象とした番組制作ワークショップを実施した[12]。送り手と受け手の協働型メディア・リテラシー実践はこれまで、ニュース番組やドキュメンタリー番組の制作活動が主流であった。しかしこのプロジェクトにおいては、あえてバラエティ番組の制作に挑戦したことに特色がある。

そのねらいは、いわゆる「テレビ離れ」を深刻に受け止めつつも、ニュース番組やドキュメンタリー番組に比べて、バラエティ番組は比較的、若年層に広く視聴されているという現実に裏打ちされている。さらに言えば、お笑い番組に限らず、ニュース番組や情報番組、音楽番組やトーク番組などの多くもまた、それに近似した演出によって制作されている。

たとえば情報番組とは、九〇年代までは「ワイドショー」と呼ばれていたジャンルで、報道に特化した「ニュース番組（報道番組）」とは明確に区別される。多くの情報番組は「報道フロアからの中継」という演出を用いて、報道局との境界を示している。近年は「情報バラエティ」や「情報エンターテインメント」を自称している番組も多い。ワイドショーの司会に芸能人が起用されるのは、最近になって始まったことではない。良いか悪いかはともかく、日本のテレビ文化の伝統といえるだろう。ところが、二〇〇〇年代に入るとワイドショーのみならず、ニュース番組のキャスターに芸能人が起用される機会が格段に増え、視聴者から見ると、双方の境界が分かりにくくなっている。かつては、経験を積んだジャーナリストやアナウンサーがニュース番組のキャスターとして個性を発揮し、芸能人が活躍するワイドショーとのすみ分けができていたが、今ではジャンルの区別がほとんどなくなってしまった。

良くも悪しくも、テレビ全体が「バラエティ化」しているといっても過言ではない現在、送り手と受け手のあいだで表現と受容の循環を引き起こすためには、こうした広い意味でのバラエティについてともに考え、実際に制作してみることが最適なのではないか。

ワークショップのスキームはおおむね、民放連プロジェクトによって蓄積された方法論を踏襲している。バラエティ番組の演出技術を簡潔に学んだうえで、受け手が主体となって企画を構成し、グループごとに三分程度の番組を制作した。一ヶ月かけて制作された番組は、いわゆる「ドキュメント・バラエティ」である。あるグループは、参加者のひとりである男子がスタジオから片思いの女子に電話を掛け、デートの約束を取りつけるまでの心の動きを巧みに描いた（図5−2）。

①　②　③

図５-２　大学生が制作したドキュメント・バラエティ（2012年）

メディア・リテラシーとは、メディアに媒介される「情報」を主体的に読み解き、必要な「情報」を引き出して活用する能力のことであり、また、メディアを積極的に活用してコミュニケーションする能力であると言われてきた。テレビに限って言えば、メディア・リテラシーは多くの場合、報道番組や情報番組から得られる「情報」の背景に潜んでいる、作り手の「意図」や「思想」を理解するための能力として語られてきた。その一方、テレビには多くのバラエティ番組が存在し、人間の喜怒哀楽を「物語」に乗せて伝えている。ならば、この「物語」のなかに隠された「意図」や「思想」に関しても、視聴者が主体的に読み解くべきなのだろうか。それとも、バラエティ番組のリテラシーとは、報道番組や情報番組のリテラシーとは切り分けて考えるべきなのだろうか。容易に答えが出る問いではないが、ワークショップを遂行する過程では、こうしたことがらについても活発に議論を交わすことができた。

長谷正人はテレビの情報番組の「面白さ」について、それまで知らなかった「情報」を知るという楽しさと、それが具体的にどのような人間の身振りや表情を通して示されるのかという「演出」の楽しさとを区別したうえで、次のように指摘している。

テレビをめぐる社会的な言説を見渡したときに、どうもこの「情報」と「情報の見せ方」（＝演出）との結びつきによって成立するテレビ独特の「面白さ」は、ほとんど理解されていないように思われるのだ。一方にはテレビをジャーナリズムとしてだけ論じ、制作者に対して公正で客観的な「情報」の伝達を求めたり、視聴者に対してメディアリテラシーの必要性を訴えたりするようなマスコミ論、報道ジャーナリズム論がある。しかしそれらにおいては、ニュースが単なる「情報」の伝達としてではなく、人々に「演出」としても楽しまれているという事実がほとんど無視されている。（長谷 2007: 10–11）

バラエティの「演出」については、「情報」の捏造や改竄などとは異なる次元で、これまで繰り返し「やらせ」との境界が問われてきた。[13] ワークショップでは、バラエティの「正義」とは何かという問いが繰り返し提起され、参加した送り手にとっては、この問題を日常的な制作業務とは別の角度から捉え返すという意義もあった。若年層に馴染みのあるバラエティに焦点をあてたことは、放送局が取り組むメディア・リテラシー活動にとって、革新的なアプローチだったといえる。[14] もっとも、これはあくまで問題提起のための実験的な試みに過ぎず、プログラムの体系化には至っていない。

ここまで送り手／受け手という区分を前提として、送り手のメディア・リテラシー活動の課題と展望について論じてきた。本章を締めくくるにあたって、「送り手」や「受け手」、あるいは「メディア・リテラシー」という概念自体の根幹に関わる、より基層的な課題について言及しておきたい。

4　情動、アーキテクチャ、リテラシー

インターネットという表現の場が生まれ、創作支援のソフトウェア、動画共有サイトやソーシャルメディアなどのプラットフォームが普及したことで、情報の送り手／受け手、表現の生産者／消費者の境界が曖昧になってきた。第1節で述べたとおり、こうした動向が「テレビ離れ」の一因にもなっている。放送事業体としてのテレビに限定すれば、送り手と受け手の区別は厳然と存在するが、ソフトウェアやプラットフォームを活用すれば誰でも送り手になりうる。送り手と受け手のあいだに、専門的な知識や技能、あるいは資本にそれほど深い溝があるわけでもない。そうだとすれば、送り手と受け手の非対称的な関係性を前提としてきたメディア・リテラシーという概念は、はたしてどこまで有効なのだろうか。

加島卓が指摘するように、マスメディアのリテラシーとは要するに、専門的な技術や巨大な資本を特権的に有する送り手の希少性こそが、対抗的な受け手という立場の安定性を担保しており、双方の緊張関係によってマスメディアの可能性と困難を考えていくものだった。それに比べてソフトウェアにおいては、送り手になるための参入障壁が相対的に低いため、それとのつきあい方をより

内在的に考えなければならなくなった（加島 2017a）。その反面、情報の送り手／受け手、あるいは表現の生産者／消費者の境界が曖昧になるということと、技術の開発者／利用者の違いが厳然と存在していることは明確に区別されなければならない。一連のソフトウェアやプラットフォームにおいては、利用者の主体性や能動性を開発者が先取りすることで、あらかじめ利用者の自由度がメタにデザインされる。その結果、利用者自身は想定の範囲内で（どこまでもほどほどに）表現に水路づけられてしまう（加島 2010）。

利用者の安全性と引き換えに、メーカーによって利用環境が徹底的に管理される「紐付きアプライアンス」（Zittrain 2008 = 2009）や、利用者各自の嗜好を踏まえて、知りたい情報だけが自動的にカスタマイズされる「フィルターバブル」（Pariser 2011 = 2016）など、インターネットの「箱庭化」といった傾向も指摘されている。だが、いったいどのくらいの利用者が、こうしたことを日常的に意識しているだろうか。

濱野智史は二〇〇〇年代、憲法学者ローレンス・レッシグ（Lessig, L.）によって広く知られるようになった「アーキテクチャ」という概念（Lessig 2000 = 2001）を用いて、日本のインターネット文化を分析した。複数の人びとが何らかの行動や相互行為をとることができる一方、無意識に規制が作用する「場」としてネットを捉えたうえで、多様なアーキテクチャ（＝環境管理型権力）のあり方を知ることによって、それらを活用した社会設計の可能性について前向きに検討するというのが、濱野の一貫した姿勢であった（濱野 2008→2015）。東浩紀や宇野常寛などもそれぞれ、アーキテクチャ概念を応用した独自の議論を展開したが（浅田・東・磯崎・宇野・濱野・宮台 2009: 東 2011→2015）、政治学者の吉田徹が指摘するように、一連のアーキテクチャ論が想定していたのは「再帰的（reflective）」というよりは「反応的（reflexive）」な人間像である（吉田 2013: 11）。

　宇野との対談のなかで濱野は、インターネット上の集合的無意識に希望を託すにしても、「ユーザーはアーキテクチャのバグを突き、運営する側はそれに対応しながらアーキテクチャを修正していく」というオープンスパイラルが重要であるとして、そのためには環境設計に対するリテラシーを社会的に高めていくしかないと指摘している（宇野・濱野 2012: 201）。だが、利用者の無意識的な消費活動が集合的な創作物として編み上がっていくのが、日本特有のアーキテクチャの創造性であるとすれば、インターネットの環境設計に対するリテラシーを意識的に高めていくというのは、きわめて困難な課題といえる。インターネットのアーキテクチャをめぐっては、送り手／受け手の区分が融解している代わりに、開発者／利用者の乖離が問題なのであり、その循環こそが模索されなければならないのかもしれない[15]。メディア・リテラシーという概念ははたして、その媒介になりうるだろうか。

　伊藤守は、「送り手」や「受け手」、「オーディエンス」や「コミュニケーション」といったメディア研究にとって不変とも思える概念が、近代社会の基本構造に規定された歴史的概念に過ぎないと指摘している。送り手／受け手という「二項の間の関係に閉じたかたちで、単一のメッセージの移動を捉える、従来のコミュニケーション・モデルでは理解できない情報現象が生まれ、ラジオとテレビを特定の空間で聴取・視聴することを前提としたオーディエンス概念では捉えきれないテクノロジーと人間の接合の構造が成立している」（伊藤 2014: 320）。カルチュラル・スタディーズやメディア・リテラシー論は従来、ステュアート・ホール（Hall, S.）の「エンコーディング／デコーディング（encoding/decoding）」モデルなどに依拠したうえで、「読み」の実践が可能なテキストを考察の対象としてきた。しかし伊藤によれば、情報過程あるいは情報現象において「伝わるなにか」や「生まれるなにか」は、「認知」や「認識」といった意識化された活動に関するものだけではなく、「情熱」や「意欲」、「感情」や「情動」といった、無意識の、意識化されないけれども何ごとか身体に作用するものでもある（伊藤 2013）。

英語圏においては二〇〇〇年代以降、言語や言説などの意味作用と区別される、「情動（affect/affection）」という概念に注目が集まっている[16]。かつてホールらは、ソニーのウォークマンが獲得した文化的意味、とくに日本らしさに関する言説を、広告の記号論的分析を通じて明らかにした（du Gay, Hall, Janes, Madsen, Mackay, and Negus eds. 1997＝2000）。それに対して、大山真司が指摘するように、アップルのｉＰｈｏｎｅをはじめとする情報機器は、ユーザー・インターフェイスやルック・アンド・フィールなど、ハードとソフトの統合によって約束された快適で感覚的な操作体験、すなわち全感覚を刺激する情動的なデザインこそが生命線であり、ブランドの成功を広告分析によってのみ説明することは、もはや難しい。「情動は意識以前、あるいは個人化・社会化する以前の、表象もラベルも貼られなければ構造化もされない身体の状態であり［…］情動と言説は常に相互に

「干渉しあい」、「参加しあい」、「共鳴」し、その非線形な過程のなかで経験の質が決定される」（大山 2014: 79）。こうした視座は、近代主義的なコミュニケーション・モデルの相対化であり、認知主義的、主知主義的な理論枠組みを相対化することでもある（伊藤 2013）。

日本独自の展開を遂げたアーキテクチャ論、そして英語圏で広がった情動理論はいずれも、メディア・リテラシーという概念を下支えしてきた近代的人間像を揺さぶっている。こうした難局を視野に入れて、メディア・リテラシーは再定義されなければならない。

注

（1）なお本章では、こうしたイベントに参加する人びとの受容経験を論じる紙幅はないが、近森による以下の指摘は重要である。「イベントを訪れる人びとの側も、大量の人が集まるという、端的な事実性に巻き込まれにやってくるのかもしれない。少なくとも、マスメディアの操作にまんまと引っかかっている、というわけではないだろう。［…］どうせ何もないとわかっていながら、それでも何かが起こりそうな気もして、ついだらしなく出かけてしまう。それは、ネットやケータイなどの登場で、影響力が落ちたといわれるテレビを、それでもまだだらしなく視聴し続けてしまうのと、どこか相似形をなす」（近森 2013: 165）。メディア・イベント研究が従来、参加者の雑種性や複数性を捉え損ねてきたことについては、第9章で批判的に検証している。

（2）付言しておけば、社会学者の阿部真大は岡山県倉敷市の「イオンモール倉敷」に集まる若者たちを調査し、都会でも田舎でもない「ほどほどに楽しい地方都市」の現状を分析したが（阿部 2013）、倉敷市は岡山市の郊外に位置する衛星都市である。イオンモール岡山の開業がこの一帯の消費文化にどのような変化をもたらしたのか、社会学的にも注目される。

（3）ＮＩＥ（Newspaper in Education）実践などを通じた、新聞をめぐるメディア・リテラシー活動についても併せて検討すべきであるが、本書では取り扱わない。

（4）その成果は、黒田編（2005）に発展した。関西の放送文化を多面的に分析しており、必ずしもメディア・リテラシーだけを扱った論文集ではないが、編者の黒田勇は「「メディアリテラシー」を受け手に期待し、それを送り手が「教育」していく、そうした「教育論」が時として陥ったのは、自らは正しいメディアの解釈者であり、無知な視聴者を啓蒙し市民として育てていくというまなざしであった」と述べ、その啓蒙主義的な展開に警鐘を鳴らしている（黒田編 2005: v–vi）。

（5）二〇〇〇年代なかば以降、送り手のあいだでメディア・リテラシーに対する防御反応や拒絶反応が低下していった反面、送り手が身につけている知識や技能をメディア・リテラシーと捉える啓蒙主義的な見方も、それなりに定着していることには注意しておきたい。たとえば、池上（2008）、長谷川（2014）などは、いわゆる欠如モデルにもとづいており、本章で論じる協働型メディア・リテラシーの考え方とは一線を画している。

（6）ちなみにアメリカは、メディア・リテラシーの後発国とされるが、七〇年代初頭において既に、各自治体とケーブルテレビ会社の契約にさいして市民が番組枠を持つことを保障するパブリック・アクセスが法制化されていたことは注目に値する。しばしば見落とされがちだが、それは必ずしもリベラルな市民運動だけでなく、たとえば保守系の政治団体も積極的に活用してきた。さまざまな思想信条がせめぎあうパブリック・アクセスの存在が、結果としてアメリカにおけるメディア・リテラシーの覚醒を促したのだった。日本におけるメディア・リテラシーの右旋回については、倉橋（2019）を参照。

（7）『月刊民放』二〇〇九年九月号、四頁。

（8）民放連とメルプロジェクト（MELL Project）の共同研究として、二〇〇四年から二〇〇五年にかけて「送り手と受け手の対話ワークショップ」も実践されている。メルプロジェクトについては、http://www.mellnomoto.com/ を参照（二〇一九年一〇月二九日アクセス）。

（9）ＯＨＫとは二〇〇八年から一〇年以上にわたって継続的に協働し、青少年との番組制作ワークショップをはじめ、大学での社会連携授業などを実現してきた。

(10) 水越（2006）に詳しい。

(11) 水越は二〇〇三年の時点で次のように指摘していた。「受容と消費のダイナミズムは、情報技術の革新、メディア企業の動向、国家のメディア政策を背景として成り立つメディア表現と情報生産の実態との連関のなかでとらえられなければ、十分に把握はできない。デコーディングのプロセスをエンコーディングのプロセスとの循環性のなかでとらえていかなければならないのである。メディアに媒介されたコミュニケーションの総体像をとらえるためには、さらにそのあり方を積極的に組み替えていく企図のためには、表現と生産の研究が展開される必要がある」（水越 2003: 27）。

(12) 民放連プロジェクトは二〇一〇年度に終了したが、民放連は二〇一二年度以降、「メディアリテラシー活動助成事業」を新たに運用している。これまでのように番組制作にはこだわらず、各局の資源を活かした多様な実践活動に助成をおこなうという趣旨である。一般社団法人日本民間放送連盟「メディアリテラシーの取り組み」を参照。http://www.j-ba.or.jp/category/references/jba101049（二〇一九年一〇月二九日アクセス）

(13) 長谷は二〇〇七年に起こった『発掘！　あるある大事典Ⅱ』（関西テレビ）の「データ捏造」問題に関して、発覚後の報道や放送局の検証に対する違和感を次のように表明している。「視聴者はここで「情報」をただデータとして知るというよりも、タレントたちがそれをどのように伝えるかという「演出」も含めて楽しんでいたはずなのだ。ところが関西テレビの検証番組でもさまざまなメディア報道でも、私が眼にしたかぎりでは、彼らの顔は一度も映らなかったし、調査報告書のほんの一行にも彼らの名前は出ていなかった。むろんこのデータ捏造問題自体には彼ら出演者の責任はない（それ自体には私も同意する）というテレビ局や社会の配慮の結果なのだろうが、逆にそこにこそ、この番組の構造的歪みを私は感じた。つまり『あるあるⅡ』には、最初から番組自体の真ん中に「情報」と「演出」の間に深い亀裂が入っていたということである。取材ビデオという「情報」の部分とスタジオでのバラエティ番組としての「演出」の部分が、不自然なまでにきれいに切り離されていたのだ」（長谷 2007: 12）。

(14) このワークショップはテレビ朝日の密着取材を受け、二〇一三年四月二一日放送の『はい！　テレビ朝日です』で詳しく紹介された。以下のＵＲＬで番組を視聴することができる。http://www.tv-asahi.co.jp/hai/contents/100/268/（二〇一九年一〇月二九日アクセス）

(15) 加島は「政治家になるつもりがなくても政治のあり方に注意を払うように、ソフトウェア開発者になるつもりがなくてもソフトウェアのあり方に関心をもってみること」と表現している（加島 2017b: 143）。

(16) 「触発する／される身体の強度」としての情動概念は、スピノザ、ドゥルーズなどに由来し、ブライアン・マッスミ（Massumi, B.）の論考によって広く知られるようになった。Massumi（2002）などを参照。

参考文献

阿部真大（2013）『地方にこもる若者たち――都会と田舎の間に出現した新しい社会』朝日選書

浅田彰・東浩紀・磯崎新・宇野常寛・濱野智史・宮台真司（2009）「［共同討議］アーキテクチャと思考の場所」東浩紀・北田暁大編『思想地図』三巻、日本放送出版協会

東浩紀（2011→2015）『一般意志２・０――ルソー、フロイト、グーグル』講談社文庫

近森高明（2013）「イベントとしての「街」」近森高明・工藤保則編『無印都市の社会学――どこにでもある日常空間をフィールドワークする』法律文化社

濱野智史（2008→2015）『アーキテクチャの生態系――情報環境はいかに設計されてきたか』ちくま文庫

長谷川豊（2014）『テレビの裏側がとにかく分かる「メディアリテラシー」の教科書』サイゾー

長谷正人（2007）「七〇年代テレビと自作自演」長谷正人・太田省一編著『テレビだョ！　全員集合――自作自演の一九七〇年代』青弓社

林田真心子（2012）「「送り手研究」の転回に向けて――アクション・リサーチとしてのメディア・リテラシー実践の可能性」『福岡女学院大学紀要 人文学部編』二二号

飯田豊（2005）「メディア・リテラシー――批判的受容にとどまらず、表現へと踏み込む」『中央公論』二〇〇五年一二月号

飯田豊（2019）「N国が話題の中、ＮＨＫ「常時同時配信」が放送業界全体に与える衝撃――放送の「死」、その先に何が残るか」『現代ビジネス』（ウェブサイト）講談社 https://gendaiismedia.jp/articles/-/66703
池上彰（2008）『池上彰のメディア・リテラシー入門』オクムラ書店
伊藤守（2013）『情動の権力――メディアと共振する身体』せりか書房
伊藤守（2014）「オーディエンス概念からの離陸」伊藤守・毛利嘉孝編『アフター・テレビジョン・スタディーズ』せりか書房
加島卓（2010）「ユーザーフレンドリーな情報デザイン――Design of What?」遠藤知巳編『フラット・カルチャー――現代日本の社会学』せりか書房
加島卓（2017a）「メディア・リテラシーの新展開」土橋臣吾・南田勝也・辻泉編著『デジタルメディアの社会学――問題を発見し、可能性を探る 第3版』北樹出版
加島卓（2017b）「「つながり」で社会を動かす」土橋臣吾・南田勝也・辻泉編著『デジタルメディアの社会学――問題を発見し、可能性を探る 第3版』北樹出版
駒谷真美（2008）「民放連メディアリテラシー実践プロジェクトにおける効果研究――プロジェクトに参加した中高生の意識変化を中心に」『昭和女子大学紀要 学苑』八一六号
駒谷真美（2009）「協働的な学びの芽生え、そして深化へ――プロジェクト参加者の意識変化から」『月刊民放』二〇〇九年九月号
倉橋耕平（2019）「ネット右翼と参加型文化――情報に対する態度とメディア・リテラシーの右旋回」樋口直人ほか『ネット右翼とはなにか』青弓社
黒田勇編（2005）『送り手のメディアリテラシー――地域からみた放送の現在』世界思想社
メディアリテラシー研究会編（1997）『メディアリテラシー――メディアと市民をつなぐ回路』NIPPORO文庫
水越伸（2002）『新版デジタル・メディア社会』岩波書店
水越伸（2003）「メディア・プラクティスの地平」吉見俊哉・水越伸編『メディア・プラクティス――媒体を創って世界を変える』せりか書房

水越伸（2005）『メディア・ビオトープ――メディアの生態系をデザインする』紀伊國屋書店
水越伸（2006）「送り手研究のこと――その限界と可能性をめぐる覚書」『東京大学情報学環紀要 情報学研究』七一号
水越伸（2007）「ＭｏＤｅと批判的メディア実践」水越伸編著『コミュナルなケータイ――モバイル・メディア社会を編みかえる』岩波書店
水越伸・林田真心子（2010）「送り手のメディア・リテラシー――民放連プロジェクト実践者へのインタビューから」『東京大学情報学環紀要 情報学研究』七九号
水越伸・東京大学情報学環メルプロジェクト編（2009）『メディアリテラシー・ワークショップ――情報社会を学ぶ・遊ぶ・表現する』東京大学出版会
中橋雄（2014）『メディア・リテラシー論――ソーシャルメディア時代のメディア教育』北樹出版
日本放送労働組合編（2000）『送り手たちの森――メディアリテラシーが育む循環性』NIPPORO 文庫
大山真司（2014）「ニュー・カルチュラル・スタディーズ02――情動的転回？」『5――Designing Media Ecology』二号
境真理子（2000）「送り手と受け手の新たな地平」日本放送労働組合編『送り手たちの森――メディアリテラシーが育む循環性』NIPPORO 文庫
境真理子（2012）「送り手のメディア・リテラシーに関する一考察――民放連実践プロジェクトの経験から」『桃山学院大学総合研究所紀要』三八巻一号
執行文子（2012）「若者のネット動画利用とテレビへの意識――「中高生の動画利用調査」の結果から」『ＮＨＫ放送文化研究所年報二〇一二――第五六集』ＮＨＫ出版
菅谷明子（2000）『メディア・リテラシー――世界の現場から』岩波新書
鈴木みどり（1996）「地域メディアとメディア・リテラシー」『情報処理学会研究報告［情報メディア］』九六巻四三号
高橋誠（2009）「地域ユーザーとの新たな関係づくり」『月刊民放』二〇〇九年九月号

高橋誠（2014）「岡山駅前再開発イオンモールでコンテンツファクトリーを稼働」『月刊民放』二〇一四年七月号

東京大学情報学環メルプロジェクト・日本民間放送連盟編（2005）『メディアリテラシーの道具箱――テレビを見る・読む・つくる』東京大学出版会

宇野常寛・濱野智史（2012）『希望論――二〇一〇年代の文化と社会』ＮＨＫブックス

吉田徹（2013）「ステイツ・オブ・デモクラシー――ポピュリズム・熟議民主主義・アーキテクチャ」憲法理論研究会編『変動する社会と憲法』啓文堂

du Gay, P., Hall, S., Janes, L., Madsen, A., Mackay, H. and Negus, K. eds.（1997）*Doing Cultural Studies: The Story of the Sony Walkman*, Sage.＝（2000）暮沢剛巳訳『実践カルチュラル・スタディーズ――ソニー・ウォークマンの戦略』大修館書店

Lessig, L.（2000）*Code and Other Laws of Cyberspace*, Basic Books.＝（2001）山形浩生・柏木亮二訳『CODE――インターネットの合法・違法・プライバシー』翔泳社

Massumi, B.（2002）*Parables for the Virtual: Movement, Affect, Sensation*, Duke University, Press.

Pariser, E.（2011）*The Filter Bubble: What the Internet is Hiding from You*, The Penguin Press HC.＝（2016）井口耕二訳『フィルターバブル――インターネットが隠していること』ハヤカワ文庫ＮＦ

Zittrain, J.（2008）*The Future of the Internet: And How to Stop It*, Yale University Press.＝（2009）井口耕二訳『インターネットが死ぬ日――そして、それを避けるには』早川新書juice

第6章　ポストテレビ、ハラスメント、リテラシー
——地上波テレビとインターネット動画の関係史

1　地上波テレビとネットテレビの乖離

アベマTV（AbemaTV）『極楽とんぼKAKERU TV』に生出演した女性がハラスメントを受けたとして、二〇一八年九月、バズフィード・ジャパン（BuzzFeed Japan）が「Abemaが非公開にした「くそババア」罵倒映像——過激化するネットテレビの2つの問題」と題する記事を公開した(1)。その翌日には告発した女性自身がnoteに手記を公開し、事態の経緯を詳しく説明したことも相まって、ネット上で大きな反響があった。アベマTVは、テレビ朝日とサイバーエージェントが共同運営するインターネットテレビ（以下、ネットテレビ）である。

ハラスメントの具体的な内容については説明を省略するが、バズフィード・ジャパンの記事では、

ネットテレビがＢＰＯ（放送倫理・番組向上機構）の管轄外であり、第三者機関からの監視や規制を一切受けないことの是非が論点になっている。

さらに記事では、この騒動の伏線として、二〇一三年八月にフジテレビで放送された『生爆烈お父さん27時間テレビスペシャル!!』に言及している（『ＦＮＳ27時間テレビ』内の企画）。この番組内で、極楽とんぼの加藤浩次が、女性アイドルグループのメンバーにジャイアントスイングを掛けたうえ、頭部を踏みつけるという行為が問題視されたのだった。ＢＰＯ青少年委員会は、視聴者意見を踏まえて審議入りを決定。その結果、同年一〇月に「委員会の考え」(2)が公表され、「出演者の身体に加えられる暴力や危険行為」「女性アイドルや女性芸人に対する性的な際どい演出」「地上波の公共性」という三点に対する、制作者の認識の欠如が厳しく批判された。

ところが一年後の二〇一四年八月、『めちゃ×2イケてるッ！』（一九九六～二〇一八年、フジテレビ／以下、『めちゃイケ』）から派生したネットテレビ局「ゼロテレビ」で配信された『24時間ゼロテレビ　めちゃ×2ながーーーーくユルんでるッ！』のなかで、ナインティナイン岡村隆史の「テレビじゃないから、これネットだから、ＢＰＯ関係ない」という煽りを受けて、加藤が再び、同様の行為をおこなった。近年では『ＫＡＫＥＲＵ ＴＶ』のように、テレビを主戦場とする芸能人や制作者が、地上波では社会的に容認されなくなった過激な企画や演出を、ネットテレビで実践するという展開が散見されるが、その先例のひとつといえる象徴的な出来事だった。

もっとも、岡村は当時、「ゼロテレビ」のねらいについて、インタビューのなかで次のように語っている。

これ真面目なこと言いますけれども、こっからテレビにお客さんたちを引き戻すためにやってますから。『めちゃイケ』に帰ってくるように、地上波に帰ってくるようにっていう。「もうテレビおもんなくなった」とかって言うてる人達が［…］こんなんやってるんやったら『めちゃイケ』も観てみよか？　って戻ってきてくれるように。(3)


地上波とネットのあいだを架橋しようという理念に筆者も賛同する反面、多くのお笑い芸人が参入しているネットテレビの現実は、地上波との差異を過度に強調するあまり、逆に取り返しがつかない断絶を生んでいるような気がしてならない。

そこで以下では、テレビとネットの関係史を補助線にしながら、この問題の地層を掘り起こしてみたい。

2　『めちゃイケ』とＢＰＯとの応酬

『めちゃイケ』とＢＰＯとの因縁は、ずいぶんと古いことが知られている。

二〇〇〇年には同番組の「七人のしりとり侍」というコーナーに対して、いじめを肯定する暴力的な内容であるとの視聴者意見が多数寄せられ、BPOの前身のひとつである放送番組向上協議会に設置されていた「放送と青少年に関する委員会」の審議事案となった（BPOの設立は二〇〇三年）。委員会との度重なるやりとりを踏まえて、『めちゃイケ』は（批判を受けていることをネタにしつつ）演出面での改善を試みたが、最終的にコーナーを打ち切ることを決めた。

ちょうどこの頃、青少年に対するテレビの悪影響が活発に議論されるようになったのだが、第5章で述べたとおり、一九九七年以降に発生したいくつかの凶悪な少年犯罪をきっかけに、いわゆる「Vチップ論争」が勃発したことがその背景にあった。緊迫した政治的攻防を経てVチップ導入は回避されたが、放送局はさらなる自主規制の徹底を求められるようになった。

そして二〇〇九年一一月には、BPO放送倫理検証委員会が「最近のテレビ・バラエティー番組に関する意見」（以下、「意見書」）を公表している[4]。この意見書のなかに具体的な番組名は記されていないものの、『めちゃイケ』の企画や演出がいくつも批判されているのは明らかだった。

そこで、翌二〇一〇年二月二七日の『めちゃイケ』では、いじめや差別につながると指摘された演出や、安全性に疑問があると指摘された演出に対して、岡村隆史が身をもって再検証するという企画が放送された。意見書で投じられた批判に向き合う姿勢は、番組本編のなかで示せる限りにおいて、きわめて真摯な対応だったといえる。

その二日後の三月一日、フジテレビは「私たちのフジテレビ　バラエティ宣言」を発表した。「愛がなければテレビじゃない！　安心できなきゃテレビじゃない！　やっぱり楽しくなければテレビじゃない！」と謳ったうえで、現在の番組制作に間違いや訂正すべき点はないという基本的な考えを明らかにしたのである（第1節で触れた二〇一三年の審議において、BPO青少年委員会はフジテレビに対して、この宣言を意識した番組づくりがなされているのかどうかを問いただしている）。

さらにフジテレビは三月二七日、テレビバラエティの歴史や功罪を検証する『悪いのはみんな萩本欽一である』というドキュメンタリー番組を放送した。この番組の演出を手がけたのは、当時テレビマンユニオンに在籍していた是枝裕和である。「いじめ」や「素人いじり」など、BPOの意見書が批判している諸要素をテレビに取り入れたのは、すべて萩本欽一だったのではないかと仮定し、彼を被告人席に立たせる法廷劇であった。「テレビ芸」を確立したコメディアンの足跡を辿ることで、問題の根源を歴史的に紐解いていこうという野心的な試みだった。そして是枝はこの翌月から二〇一九年三月三一日まで、BPO放送倫理検証委員会の委員を務めることになる。

テレビに対する批判に対して、テレビを通じて応酬するという対話と対決の回路が、この時期には確かに存在した。二〇一〇年当時、テレビの制作者にとっても出演者にとっても、インターネットはまだ〝逃げ場〟として必ずしも有望ではなく、批判の声に耳を傾け、落としどころを見出すしか道がなかったのだった。

3　テレビとネットの相互作用

二〇〇九～一〇年といえば、ツイッター（Twitter）が日本でも本格的に普及し、「Ｔｓｕｄａる」「ダダ漏れ」といった言葉が流行していた時期である。二〇〇九年にユーストリーム（Ustream）がツイッターやフェイスブック（Facebook）と連携できるようになり、にわかに無数の配信者が生まれた。イベント会場からの配信が盛んにおこなわれていた一方、居酒屋で飲みながら喋っているだけの様子を共有する人たちも珍しくなかった。二〇一一年三月の東日本大震災では、ラジオやテレビで放送されている番組が超法規的に生配信（＝サイマル配信）され、ユーストリームは一躍、時代の寵児になる。

生配信に限らなければ、二〇〇五年にユーチューブ（YouTube）、翌年にはニコニコ動画が登場していた。その一方、二〇〇五年に日本テレビがいち早く立ち上げた「第2日本テレビ」を皮切りに、民放各局はネット上に相次いでＶＯＤ（ビデオ・オン・デマンド）サービスを展開していた。もっとも、第2日本テレビは二〇〇八年に完全無料配信に舵を切ったばかりで、まだまだ試行錯誤が続いていた時期といえる。

また、二一世紀に入ってテレビ広告費の縮小傾向が続いていたが、二〇〇八年のリーマンショックがそれに追い打ちをかけた。ジャーナリストの佐々木俊尚が『２０１１年新聞・テレビ消滅』（文春新書）、津田大介が『Ｔｗｉｔｔｅｒ社会論――新たなリアルタイム・ウェブの潮流』（洋泉社新書y）を刊行したのが、いずれも二〇〇九年のことである。ソーシャルメディアと連携したニュース番組や討論番組など、ネットとの双方向性を意識したテレビ番組が盛んに開発されていたのも、ちょうどこの頃のことだった。

放送局にとっては当時、インターネットは未開の荒野であって、少しずつ開拓が進められていた。その反面、ユーチューブやニコニコ動画のなかで成熟を遂げていた動画文化は、テレビの正統な後裔といっても過言ではない。

たとえば、一九九〇年代のテレビ番組では、画面上の出来事にテロップでツッコミを入れる演出が流行したが、『進め！　電波少年』（一九九二〜九八年、日本テレビ）などと並んで、『めちゃイケ』はその代表格のひとつだった。高野光平によれば、

一九九〇年代のテレビは、ボケていないものにツッコんだり、これは面白い（悲しい、腹立たしい）という状況を意図的につくり出したりしながら、ネタ自体の面白さに依存しない、確実にウケる「保証された笑い」や「保証された感動」を生み出していった。（高野 2018: 36）

「保証された笑い」はインターネットにも向いていて、一九九九年に開設された巨大掲示板群2ちゃんねるの「実況板」の書き込みは、まるでツッコミテロップのようであり、いわゆる「ひな壇芸人」のガヤのようでもあった。こうしたリテラシーはやがて、ニコニコ動画の弾幕に継承されていった。そしてテロップを多用するユーチューバーの動画術にまで影響を及ぼしていることも明白であろう。

4　ネット動画に溢れかえる「テレビ芸」

二〇一八年九月、モデルで女優の本田翼がユーチューブにゲーム実況チャンネル「ほんだのばいく」を開設し、わずか二〇日で登録者が百万人を超えるほど、人気が沸騰した。それに対して、長年ユーチューブで地道に活動してきたゲーム実況者たちは「ほんだのばいくに轢かれた」と言い、複雑な感情を表明した。

ビデオゲームのプレイ画面を、解説や雑談を交えて楽しむゲーム実況は、日本に限らず、世界中で白熱している。ユーチューバーのなかで最も登録者数の多いチャンネルを運営するピューディパイ（PewDiePie）は、スウェーデン出身のゲーム実況者である。

しかし、ゲーム文化研究者の加藤裕康が指摘するように、ゲーム実況は決して、ネットのなかだけで自生した文化ではない。日本のゲーム実況は、遅くとも九〇年代から複数のゲームセンターでおこなわれていて、二〇〇三年に始まった『ゲームセンターCX』（フジテレビONE）――『めちゃイケ』メンバーだった有野晋哉のプレイスタイル――からも多大な影響を受けている（加藤 2017）。かつてビデオゲームを主題的に扱う番組は地上波にもあったが、eスポーツとしてその人気が沸騰するまで、一度はすっかりなくなってしまった。テレビに見限られつつあった周縁的な事物が、ネット動画文化の中心に反転したようにみえる。

マクルーハンは、人間はまったく新しい状況に直面すると、いちばん近い過去の事物や様式にしがみつくものだと言った。われわれはバックミラー越しに現在を見て、未来に向かって後ろ向きに進んでいる（McLuhan and Fiore 1967 = 2015）。マクルーハンが活躍した一九六〇年代、成熟期を迎えていたテレビが、演劇や映画の世界から多くのことを学んでいたように、新しい技術のなかには必ず、ひとつ前のメディアの特性が組み込まれていく。

第3節で述べたように、ネットのなかには既に「テレビ芸」が溢れかえっている。芸人がテレビのタブーをネットに持ち込まなくても、地上波で認められない過激な表現は、無数のユーチューバーによってやり尽くされ、しばしば物議を醸してきた。そうであるならば、キャリアを積んだ芸人たちが、ネットテレビで信頼や共感を拡大していくためには、これまで視聴者からの批判に向き合い、ＢＰＯに対して感情的には反発しながらも、どうにか折り合いをつけてきた苦い経験の蓄積こそが、むしろ強みになるのではないだろうか。

注

（1）https://www.buzzfeed.com/jp/takumiharimaya/internet-television（二〇一九年一〇月二九日アクセス）
（2）https://www.bpo.gr.jp/?p=6927（二〇一九年一〇月二九日アクセス）
（3）『Quick Japan』ｖｏｌ．１１３、二〇一四年、二二頁。
（4）https://www.bpo.gr.jp/?p=2814（二〇一九年一〇月二九日アクセス）

参考文献

加藤裕康（2017）「ゲーム実況イベント――ゲームセンターにおける実況の成立を手がかりに」飯田豊・立石祥子編著『現代メディア・イベント論――パブリック・ビューイングからゲーム実況まで』勁草書房

高野光平（2018）「テレビと動画――ネットがテレビを乗り越えるまで」高野光平・加島卓・飯田豊編著『現代文化への社会学――90年代と「いま」を比較する』北樹出版

McLuhan, M. and Fiore, Q（1967）*The Medium is the Massage: An Inventory of Effects*, Penguin Books.＝（2015）門林岳史訳『メディアはマッサージである――影響の目録』河出文庫

III

メディア・イベント論の地層

第7章　大阪万博以後
——メディア・イベントの現代史に向けて

1　メディア・イベントの範例と革新

(1)　メディア・イベントの「標本」としての大阪万博

「映像都市（imaged city）」——映像に媒介された都市——の研究に取り組む陸曄《ルー・イエー》は、二〇一〇年に開催された上海国際博覧会（上海万博）の映像展示に着目し、巨大スクリーンを通じた映像が都市イメージの構築を企図しており、参加者が都市生活をめぐる含意を解釈する場でもあったという点で、「映像都市の特殊な標本」と捉えている。映像は都市の一部であり、都市の実空間において意義を生み出す一方、映像も都市を再現する。巨大スクリーンは新しい都市経験である反面、人びとは映像による視覚的経験を通じて、都市に対する理解をさらに強固にしていく。たとえば、二年がかりで制作された「サウジアラビア館」の円状形スクリーン映像《砂漠都市》は、会期中に最長待ち時間九時間という記録をつくるほどの人気を集め、陸たちが来場者を対象に実施したデプスインタビューにおいても、最も話題にのぼった展示だったという。陸の分析によれば、多くの来場者は「映像＝ハイテク＝近代化」という参照フレームを共有しており、映像表現を国の経済発展の度合いと関連づけて解釈していた。その反面、個人の生活経験や文化経験にもとづいて、多元的な読み解きをも可能にしていた。こうした分析の結果を踏まえて、陸は次のように述べている。

二〇一〇年上海万博の都市というテーマは、一方では国が「視覚イデオロギー」を通じて都市空間を強制利用する合法性を強化した。もう一方では、映像自体の多義性と複雑性により、来場者が自身の生活経験や文化経験を参照フレームとして都市の特徴と含意について多元的な読み解きを行なうことができた。それは時として「視覚イデオロギー」への抵抗さえ生み出し、自身のリアルな都市生活に対する再考を促すものであった。（陸 2015: 107–108）

もっともこうした解釈によって、たとえ来場者の主体性や能動性をいかに精緻に読み解いても、「視覚イデオロギー」の権力的作用に焦点化している限り、結局のところ、「動員」と「抵抗」の二項対立（→第9章）に回収されてしまうのではないかという懸念は残る。それは本章では措いておこう。いまや「万博」は「仮設の博物館と超大型テーマパークを組み合わせた現代都市の複雑な景観」である（陸 2015:101）。陸も指摘しているとおり、一八五一年に始まった万博の歴史のなかで、映像展示が重視されるようになった転換点は、言うまでもなく、一九七〇年に大阪で開催された日本万国博覧会（以下、大阪万博）である。

大阪万博に関する研究は、近年も衰えることなく、さかんに取り組まれている。とりわけ二〇〇〇年代なかば以降の研究の多くに共通するのは、「前衛芸術」ないし「アートとテクノロジーの融合」の実験場として、大阪万博の現代的意義を再評価するという視点である（椹木 2005; 五十嵐・磯 2010; 暮沢・江藤 2014 など）。こうした視角を補完するかのように、六〇年代の前衛芸術、メディアアートやコンピュータ・アート、建築・デザイン運動などの動向を精緻に捉えた研究も散見される。また、九〇年代なかば以降、実験工房、メタボリズム、ネオ・ダダイズム・オルガナイザーズ、ハイレッド・センター、E.A.T.（Experiments in Arts and Technology）などの大規模な回顧展が相次いで開かれ、美術批評や建築評論のなかで六〇年代を歴史化する動きが相次いでいることも、前衛芸術の臨界点としての大阪万博を捉え直すうえで追い風となっている。二〇二五年日本国際博覧会（大阪・関西万博）の開催が決まったことで、七〇年万博の再検証は今後も続くだろう。

もっとも、ほとんどの先行研究においては、芸術家ないしは建築家の立場や動向に視座を置き、大阪万博との関わりが考察されており、多数の国家や大企業が参加する万博自体に対する、芸術家や建築家の「動員」と「抵抗」、「体制派」と「反体制派」といった二項対立で捉えられがちである。言い換えれば、出展企業は、彼らの構想を放任するか、商業主義ないし管理主義の立場から対立するか、いずれかの立場で描写されることが多い（後者の最たる例が「ペプシ館」であろう。スポンサーの通告によってE．A．T．は、会期途中で運営からの撤退を余儀なくされた）。

第1章で述べたとおり、そもそも万博における企業展示は当初、あくまで国家的な展示に対して補助的な役割を果たすものに過ぎなかったが、アメリカでは一九三〇年代以降、万博が「国家」と「生産」の博覧会から、「企業」と「消費」の博覧会へと変容を遂げた結果、万博において新しい技術を展示するための方法論は、技術開発者が担ってきた「公開実験」から、芸術家による「テクノロジー・アート」に大きく転回していった。その反面、六〇年代なかばの日本において、出展企業にとってはいまだ、万博との関わり方は大きな揺らぎをはらんでいて、賛否両論さまざまな言説が交錯していたのである。

(2) 企業パビリオンへの着目

新聞社や放送局による事業活動に焦点を当ててきたメディア・イベント研究は、近代日本のマスメディアが恒常的なシステムとして社会化していく過程を裏書きしていたともいえる（→第9章）。そして大阪万博は間違いなく、その臨界点のひとつだった。吉見俊哉が着目したように、大阪万博は、「国鉄や農協、学校、それに旅行業者たちからなる動員の制度的システム」に加えて、「日常意識レベルでの潜在的で自発的な動員の機制」としてのマスメディアが、決定的に重要な役割を果たしていく（吉見 1992→2010: 234-236）。

吉見によれば、『毎日新聞』『朝日新聞』『読売新聞』の大阪版では、開会直後の三月下旬には各々三〇〇本以上、会期を通じて毎月八〇本を超える万博記事が紙面を賑わせたという。たとえ批判的な記事でさえも、「人々の意識をこの巨大な「お祭り」にむけて集中させる補完的な効果」を持った（吉見 1992→2010: 237）。

テレビに目を移すと、開会式には各局が特別番組を編成して大規模な実況中継をおこない、会期を通じて万博に関するレギュラー番組が数多く放送された。大阪万博の開会式中継は、在阪の民放四社にとって初めての共同制作だった。朝日放送で中継を担当した文箭敏によれば、「ともかく当時としてはとんでもない大イベントで、カメラ三十九台、中継車九台。これにヘリコプターのカメラが加わり、制作スタッフは五百人［…］つまり関西圏の中継機材を全部集めたような形での大中継で、これを日本中の民放七十八社が放送」したという（関西民放クラブ「メディア・ウォッチング」編 2015: 207）。

吉見が指摘するように、「少なくとも大衆の日常意識の動員という観点からみた場合、大阪万博においてマス・メディアは、批判者でも単なる協賛者でもなく、むしろ主催者であ」り、「国鉄や農協、学校、そしてマス・メディアによる大衆動員は、一方では、明治以来の国家的な動員システムとして、他方では、大正以降のメディアとイベントの融合したシステムとして発展してきたものである」（吉見 1992→2010: 238-240）。

このように大阪万博は、近代日本のメディア・イベントの臨界点である反面、マスメディアとしての映画やテレビとは異なるスクリーン・メディアの実験場でもあった。メディア・イベントの範例と革新とでもいうべき、この両義性を補助線とすることによって、本章では、ふたつの企業パビリオンのプランニング・プロセスを比較し、そのなかで複数の構想力がいかにせめぎあい、いったい何が実現し、何が実現しなかったかを明らかにする。具体的には、新聞社の文化事業として構想されたタイム・カプセルが大きな話題を集めた「松下館」（＝第2節）と、放送ではないテレビジョンを模索した「電気通信館」（＝第3節）を考察の対象とする。この対比から明らかになるのは、一九六〇〜七〇年代が「メディア」と「イベント」の結びつき方の転換期であったという仮説であり、メディア・イベント研究の蓄積を再解釈していく必要性に他ならない（＝第4節）。

2　範例的メディア・イベントとしてのタイム・カプセル——松下館

(1)　松下館の概要

大阪万博の企業パビリオンの分析についてはこれまで、仮設建築としてのパビリオン自体、もしくは前衛的な映像展示——そしてそれらを手がけた「プロデューサー」——に対する再評価が多数を占めている。平たく言えば、視覚表象に比重を置いた考察が蓄積されてきた。それに対して、たとえば松下館のタイム・カプセルなどは、絶大な人気を誇ったパビリオンのひとつでありながら、一見すると地味で、先行研究が見過ごしがちだった展示といえよう(1)。それに加えて松下館は、松下電器グループと毎日新聞社の協働によって、パビリオンの細部まで企業主導で計画された好例でもある。

松下館のテーマは「伝統と開発――五千年後の人びとに」。建築設計は吉田五十八が手がけた。敷地の周囲には一万本の竹が植えられ、まるで池に浮かんでいるかのように、天平時代の建築様式を取り入れた二棟の堂宇が建てられた。

タイム・カプセルは内径一メートルの壺形、内容積は五〇万平方センチメートル、重さ一・七四トン。封入品は「自然科学」「社会」「芸術」「その他」の四分野にわたって、「現代中心」「日本中心」「現物中心」という選定基準のもと、二九〇件、二〇六八点が選ばれた。そして万博の会期中、七六〇万人が松下館に入場し、タイム・カプセルを目にした。

そして万博終了後、タイム・カプセルは大阪城の本丸跡に埋設された。埋設個数は二個。五千年後、すなわち西暦六九七〇年に初めて開封する第一号機（一九七一年一月二〇日埋設）と、西暦二〇〇〇年に開封・再埋設し、以後一〇〇年ごとに西暦六九七〇年まで同じことを繰り返す第二号機（一九七一年一月二八日埋設）である。埋設後は日本政府に寄贈されることになり、一九七一年三月一五日に挙行された完工式をもって文部省の管轄になった（タイム・カプセルＥＸＰＯ’70記録小委員会編 1975: 8）。したがって現在は、文部科学省の管轄下にある。

(2) 松下談話――マンモスカラーテレビからタイム・カプセルへ

松下電器産業は当初、世界最大のマンモスカラーテレビを壁面に設置する計画を明らかにしていたが、松下幸之助は一九六七年七月、万博は私企業のPRの場ではないとして、この構想を撤回している。その経緯は次の通りである。

海外市場の開拓に努めていた松下電器産業は、出展参加と関連受注への期待から大阪万博にいち早く関心を示し、一九六五年一二月には、松下幸之助が日本万国博覧会の会長に擬されるほどだった。その後、松下電器グループが総力を挙げて展示企画を立案することになり、すべての関連会社を通じてアイデアの懸賞募集がおこなわれた。その結果、マンモスカラーテレビ「ナショナル・ジャンボカラーテレビ」をあしらった展示館の模型など、約六〇点の応募があったという。そして一九六七年四月一日、「エレクトロニクスとマンモスカラーテレビ」という構想で出展参加申し込みをおこなった（丸之内リサーチセンター編 1968: 514-515）。

ところで、カナダでは同年四月からモントリオール万博が開催されていたが、あらゆる日本製品がまるで見本市のように溢れ返っている「日本館」が不評を買い、ベルギーから厳重な抗議が申し入れられていた。大阪万博に出展を申し込んでいた企業は当時、自社の企業PRに直接役立てようという考え方が色濃かったが、モントリオール万博における諸外国の企業館の様子をみて、直接的な企業PRには向かないという判断から、巨額を投じることにためらいが生じていた（邦光 1970）。そして七月、日本館の前に陳列されていた日本製の自動車やオートバイが、商業宣伝が濃厚であるという理由から撤去されるという事態が生じた。これを受けて、松下幸之助は「日本万国博はあまりにもコマーシャルベースの傾向が強く、出展の在り方に問題がある」との談話を発表したのである（丸之内リサーチセンター編 1968: 351）。「万博博は宣伝の場ではなく、企業あるいは企業グループとしてではなく業界単位として出展すべきであり、松下グループの出展準備については再検討したい」という松下幸之助の警告は当初、松下電器グループの不参加表明とも誤解された。この松下談話は、万博のコマーシャリズム批判と受け止められ、松下館のみならず、大阪万博における企業パビリオン全体の方向付けに大きく影響することになる（丸之内リサーチセンター編 1968: 515）。

その結果、松下館の展示構想は「技術紹介中心」から「娯楽中心」に転じ、展示のあり方を再検討することになる（丸之内リサーチセンター編 1968: 440）。準備作業が大幅に遅延した結果、マンモスカラーテレビの代案として浮上したのがタイム・カプセルだった。

(3)　新聞事業との親和性

タイム・カプセル構想は、松下電器グループの発案ではなく、一九六七年五月、毎日新聞社から松下に共同実施案として持ち込まれていた企画だった。すなわち、『毎日新聞』の紙面を最大限に活用できる文化事業として、タイム・カプセルは構想されたのである。

同年一二月一日、両社が主催してこれを推進することが正式決定し、一九六八年一月八日、『毎日新聞』の社告を通じて初めて発表された。『TIME CAPSULE EXPO '70記録書』に掲載されている「広報リスト」によれば、『毎日新聞』がこの社告を皮切りに、タイム・カプセルを記事で取り上げたのは八二回にのぼる。また、*Mainichi Daily News* で一七回、『毎日小学生新聞』と『毎日中学生新聞』で四回ずつ取り上げられている。封入品のアイデアは『毎日新聞』紙上で公募によって集められ、一一万六三二四通の応募があった。さらに、翌一九六九年の春からは、東京・小田急百貨店や大阪・大丸百貨店、国立京都国際会館、全国一二都市の松下電器電化センターなどで、タイム・カプセルの模型やパネルの展示が始まった（タイム・カプセルＥＸＰＯ'70記録小委員会編 1975: 200–204）。

そもそも「タイム・カプセル（time capsule）」という言葉がつくり出されたのは、一九三七年のニューヨーク万博でのことである。ウェスティングハウス社が自社開発した「キュパロイ」という特殊金属で容器を製造し、そのなかに記念品を詰め込んで万博会場の地下に埋設させた。五千年という保存期間も、松下館のタイム・カプセルに踏襲されている。

「タイム・カプセル」という呼称が日本で定着するのは戦後になってからのことだが、坂口英伸がくわしく論じているように、類似の試みとして、たとえば一九四〇（昭和一五）年には、長野県の蓼科高原に紀元二千六百年文化柱が建立され、数千点の記念品が百年間にわたって封入されている。これを発案した式正次は、新聞業界の情報を専門的に扱う業界紙『新聞之新聞』を発行する、新聞之新聞社の創業者である。(2) 式は寄付金や助成金をまったく受けず、独力で資金調達をしたという。文化柱の建立は一九三九年一一月一日、同紙で初めて発表された。また、新聞、雑誌、書籍などの紙資料を中心とする数千点の封入物は、新聞紙上に募集広告を掲載して収集され、集まったものは『新聞之新聞』で逐一告知されたという。封入を控えた一九四〇年四月には、東京堂書店で「文化柱百年保存物展覧会」が開催され、わずか三日間で約一万人が来場した（坂口 2015: 33-54）。

また、戦後復興期の一九五一（昭和二六年）には、同じ長野県にて、信濃毎日新聞社が『信濃毎日新聞』の発刊二万五千号を記念し、「信毎ペンの庫《くら》」を製作している。開封は発刊五万号に達する二〇二一年。坂口が着目しているとおり、文化柱とこれはともに、「新聞社の文化事業としてのタイムカプセル」であった（坂口 2015: 171）。

そして、一九六四年から一九六五年にかけて開催されたニューヨーク万博では、ウェスティングハウス社が再び、「クロマルク」という特殊金属で製造した容器を用いて、タイム・カプセルを埋設させた。日本への影響を考察するうえで注目すべきは、封入品に『読売新聞』が選定されていることである。社主の正力松太郎に加えて、湯川秀樹、糸川英夫の三名が「カプセル封入品目選定の地域委員」に選ばれ、渡米して選定作業に関わったことが、『読売新聞』で繰り返し報道されている。

坂口によれば、この頃から「タイム・カプセル」という名称と、その試みの意味が日本でも知られるようになった。そして大阪万博を経て、その存在がまたたく間に知れ渡るとともに、これを手本とする事業が次々と登場し、世界規模でブームが広がっていく。日本では各種団体の記念事業として、とりわけ、万博のタイム・カプセルを文部省が後援していたことで教育現場にも波及し、学校の卒業記念行事として定着する。

新聞は元来、日々読み捨てられるエフェメラル・メディアだが、新聞社によるタイム・カプセル事業は対照的に、アーカイヴへの欲望に突き動かされている。そしてそのプランニング・プロセスは、近代日本の範例的なメディア・イベントに他ならなかった。

3　ハプニングとしてのテレビジョン——電気通信館

(1)　電気通信館の概要

電気通信館の出展者は、日本電信電話公社（以下、電電公社）と国際電信電話株式会社の二社。郵政省と日本放送協会がこれに協力している。テーマは「人間とコミュニケーション」。建築設計を手がけたのは、電電公社の建築局。プロデューサーとして公式記録に名前が記録されているのは、本城和彦と浅野翼の二名である。[3]

電気通信館の展示構成は次のとおりである。まず、黄色いテント張りの待ちデッキからエスカレーターに乗ると「導入空間」に導かれる。最初は「赤ん坊の空間」と名付けられていて、世界各地の赤ん坊の表情が二〇〇台のカラーブラウン管に映し出され、泣き声が聞こえる。次は「呼びかけの空間」で、観客の頭上に吊るされた一万六〇〇〇台の受話器から世界各国語の呼びかけが聞こえ、光と音の演出によって幻想的な雰囲気がつくられていた。さらに「呼びかわしの空間」では、複数のテレビ受像機を立体的に組み合わせて、世界各国の人びとがキャッチボールをする様子が映し出された。「交換機の林」では、通路の両側に林立した多数の電話交換機の機械音によって、陽気なサンバのリズムが奏でられた。

約一八〇メートルの導入空間を通過すると、「三角広場」に導かれる。約八〇〇人を収容できる三角形のメインホールである。テレビ映像を拡大投影する「アイドホール・スクリーン」という装置が備えられ、正面のメインスクリーン（横一三メートル、縦九メートル）には、東京・霞が関ビルの特設会場からの中継映像が白黒で映し出された。二枚のサブスクリーン（横六メートル、縦四メートル）には、九州・種子島と京都の特設会場からの中継映像がカラーで映し出された。

そして「ワイヤレステレホン室」では、電電公社が試験的に開発した「ワイヤレステレホン（携帯無線電話機）」の実演がおこなわれ、観客は全国どこへでも即時通話ができた。それは今の固定電話の子機のようなかたちで、右肩にある発信ボタンを押してから、電話番号をプッシュするだけでつながる。後に登場する携帯電話を予見するようなデザインで、後年に高く評価されている。これに隣接する「技術展示室」には、テレビ電話やデータ通信の端末機器などが展示されていた。

(2)　「異端者」たちが描いた青写真

一九六八年二月、ＴＢＳ闘争の渦中にいた今野勉と萩元晴彦は、浅野翼から協力要請を受ける。電気通信館を全面的に任されていた浅野は、一九六〇年頃に大阪勤労者音楽協議会を躍進させた功労者で、その後、華道・壬生流の家元だった夫人の影響で、前衛生花のプロデューサーに転身して

郵便はがき

恐縮ですが
切手をお貼
りください

112-0005

東京都文京区
水道二丁目一番一号

勁草書房
愛読者カード係行

(弊社へのご意見・ご要望などお知らせください)

・本カードをお送りいただいた方に「総合図書目録」をお送りいたします。
・HP を開いております。ご利用ください。http://www.keisoshobo.co.jp
・裏面の「書籍注文書」を弊社刊行図書のご注文にご利用ください。ご指定の書店様至急お送り致します。書店様から入荷のご連絡を差し上げますので、連絡先(ご住所お電話番号)を明記してください。
・代金引換えの宅配便でお届けする方法もございます。代金は現品と引換えにお支いください。送料は全国一律100円(ただし書籍代金の合計額(税込)が1,000以上で無料)になります。別途手数料が一回のご注文につき一律200円かかりま(2013 年 7 月改訂)。

愛読者カード

65425-3　C3036

書名　メディア論の地層

名前 ふりがな　（　　歳）

ご職業

住所　〒　　お電話（　　）　―

書を何でお知りになりましたか
店店頭（　　書店）／新聞広告（　　新聞）
録、書評、チラシ、HP、その他（　　）

書についてご意見・ご感想をお聞かせください。なお、一部をHPをはじ
広告媒体に掲載させていただくことがございます。ご了承ください。

◇書籍注文書◇

寄りご指定書店

市　町（区）

書店

（書名）	¥	（　）	部
（書名）	¥	（　）	部
（書名）	¥	（　）	部
（書名）	¥	（　）	部

ご記入いただいた個人情報につきましては、弊社からお客様へのご案内以外には使用いたしませ
ん。詳しくは弊社HPのプライバシーポリシーをご覧ください。

いた。長崎励朗によれば、浅野が電気通信館の総合プロデュースを委任されることになったのは、電電公社の近畿局長だった遠藤正介（遠藤周作の実兄）と浅野が親しく付き合っていたことによるという（長崎 2013: 119）。

今野と荻元は快諾する。今野の回想によれば、その理由は簡単明瞭だった。

電電公社は、マイクロウェーブ網を持っている。そのマイクロウェーブを使って、半年間、会場の巨大スクリーンに生中継の映像を日本の複数地点から送り続ける、という基本理念に、賛同したのだ。それは、まさしく、テレビジョンだったからである。（今野 2009: 387）

浅野は、今野と萩元の同期であるＴＢＳの実相寺昭雄と、ＮＨＫの和田勉にも声を掛けていた。だが、円谷プロに出向して『ウルトラマン』などを手がけ、初めての自主映画の制作準備も進めていた実相寺は、最初の会合で中継が主と聞いて、その日のうちに降りてしまったという（今野 2009: 401）。

萩元は当時、「テレビジョンは時間である」という考えのもと、時間を省略するための編集を原則的に回避する手法を試行し、『現代の主役・小澤征爾〝第九〟を揮る』（構成：谷川俊太郎、一九六六年）、『あなたは……』（構成：寺山修司、一九六六年）、『マスコミQ』第一回「緑魔子・私は……」（構成：寺山修司、一九六七年）、『日の丸』（構成：寺山修司、一九六七年）などの斬新なテレビ・ドキュメンタリーを生み出していた。『日の丸』は放送直後に抗議の電話が殺到し、郵政大臣が閣議で問題視した結果、電波監理局が調査に動いたという（萩元・村木・今野 1969→2008: 20–21）。一九六八年の元旦には、『いま語ろう、世界の若もの』という特別番組で、ドイツ、イタリアとの宇宙中継（三元衛星中継）のチーフ・ディレクターを務めたが、同時通訳の不備や音声回線の故障などによって、生中継は失敗に終わっていた（今野 2009: 351–354）。萩元は同じ頃、『展望』一九六八年二月号における秋山邦晴との対談のなかで、次のように述べている。

これからやりたいのは、一五分とか三〇分の枠に規制されない、もっと完結性のないものです。［…］

例えばニュースを外でやったらどうか。新宿の西口広場みたいな所をスタジオと考えちゃう。TV・スタジオの中でキャスターが座ってネクタイ締めて、まあネクタイ締めるのはいいけどね、「皆さん今晩は」……あれをやめる、外で立ってやれと。そしてまずジョンソン［大統領：引用者注］を第一項目ときめたら、大きなアイドホールにジョンソンの絵を出して、これは夜のニュースですからね、アイドホール使えます、暗いから。宇宙中継！　といきたいですね当然。同時通訳がいて日本語でやっちゃう。そしてこれは日本にとってどういう意味があるかということを、そこにいる人間、通行人までふくめて討論する。［…］

だから、これは何分、これは何分、ときめないで、かりに我々が持っている時間が一時間あるとしたら、この発想がだめなんだけどね。時間の枠をきめるのがね。とにかくジョンソン記者会見の反応を何分でも、もういいというところまでやる。

［…］

「番組を良くしたい」って発想はすべて駄目。「テレビジョンをどうするか」ってことですよ。要は……。（萩元・村木・今野 1969→2008: 109–111）。

この突飛なアイデアは、しかし、電気通信館の展示構想を的確に予告したものといえる。なお、新宿コマ劇場前から生中継をおこなうことを新聞広告によって予告し、推定五〇〇人の若者による狂騒を引き起こした『木島則夫ハプニングショー』（日本テレビ）の放送は同年五月。新宿でデモ隊と機動隊が衝突する騒乱事件が発生したのは、さらにその五ヶ月後のことである。こうして、テレビが出来事を映すのではなく、出来事をつくる時代が到来したといえる。松井茂が着目しているように、六〇年代とは、「マス・メディアのサーキュレーションによって、日常をメディア・イベント化し、オリンピックや万博をめぐって、社会自体を非日常な映像《イメージ》で馴化した環境をつくりだしていた」。そして「欧米での美術における「ハプニング」とは若干異なるニュアンスで、マス・メディアと日常性の接点を「ハプニング」という言葉が仲介してい」たのである（松井 2015: 199–200）。

その一方、『あなたは……』と「緑魔子・私は……」で萩元とタッグを組んだ村木良彦は、フィルムの編集によって時間を寸断する「アクション・フィルミング」と「コラージュ」という手法を確立する。事実のなかに虚構を放り込むという方法論に対して、評価は大きく分かれた。一九六八年一月に放送された『わたしの火山』というドキュメンタリーは、ありきたりな旅番組を期待していたスポンサーからのクレームを受けた。同年三月、萩元とともに不本意な異動を命じられた村木は、その直後、「テレビジョンは異端を必要としている」という文章を発表している（村木 1968）。

人気ドラマ『七人の刑事』を手がけていた今野は、一九六七年に「テレビ的思想とは何か」という文章を発表している。テレビジョンが時間であるとするならば、それは「同時性」と「中継性」によって支えられる。しかし、ビデオテープが急激に安価になり、映画と同じような編集が可能になってきたことで、時間という尺度でテレビの独自性を説明することは難しくなった。そこで今野は、受け手がそれを茶の間で日常的に視聴するという意味だけでなく、送り手の創造行為が組織集団のなかでの日常的作業であるという意味において、「テレビは〈ケ〉である」と論じた（今野 1967）。

彼らはいずれも、テレビジョンという概念自体の自明性を疑い、それが解体しつつあると感じていた。[4]

それに対して、NHKの和田勉は、今野の回顧によれば、「何回かの会議に出席したが、結局、企画の内容では自分のドラマ・ディレクターとしての持ち味が出せないと踏んで、降りた」という。[5]その一方、非常勤の企画委員として、詩人の谷川俊太郎と映画監督の恩地日出夫が参加することになった（今野 2009: 401）。谷川はまた、みどり館の「アストロラマ」で上映された全天全周映像のシナリオも担当している。

今野、村木、実相寺たちは一九六〇年、『dA《ダー》』（AD＝アシスタント・ディレクターのイニシャルを反転）という同人誌を創刊した。それは局を横断した若手ディレクターの交流会に発展し、和田も参加していた。和田によれば当時、実相寺をNHKにヘッドハンティングしようとしたが、実現しなかったという。TBS闘争の渦中で「異端」であることを自覚していた今野と萩元に対して、第4章でみたように、NHKで「異端」から「王道」に取り込まれてしまったと当時を振り返る和田。松井は、「記録芸術の会」にも所属していた和田が、テレビを総合芸術として捉えようとする「概念の思想」から出発していたのに対し、日常指向の今野は「技術の思想」から出発していたと指摘している（松井 2015: 205-206）。

今野と萩元は、電電公社建築局のプロジェクト・チームと激しい折衝を重ね、本章第3節(1)項で述べた展示空間の仕様がほとんど決まった。そして次に、どこから中継して何を映すのかという難問を検討する段階に移った。少し長くなるが、今野の回顧を引用しておきたい。

> 半年間、毎日の中継という動かせない展示条件を考えれば、おもしろい出来事を毎回中継することは不可能である。三ヵ所の地点にさまざまの人間がいて、大阪の三角広場と交信する、という構想は、すぐ浮かんだ。電気通信館のテーマが「人間とコミュニケーション」であることからして、その形が一番自然だと誰しも考えるであろう。

しかし、萩元や私、そして、谷川俊太郎さんや恩地日出夫さんのプランナー・チームは、その形をとらなかった。萩元と私は、その時、ＴＢＳ闘争の最中にいて、テレビとは何か、という問いを発し続けていた。それが、電気通信館のコンセプトづくりに反映しないわけはなかった。萩元と私は、テレビ局では不可能なテレビ、言ってしまえば、「ＴＥＬＥ（遠くを）ＶＩＳＩＯＮ（見る）」という本来のテレビジョンを、純粋な形で提示しようとした。

［…］

キャッチフレーズは「それぞれの場に流れる日常的時間を共有する」だった。つまり、画面の中では特別なことは何も起こらない、ということだった。（今野 2009: 404-405）

その企画書を読んだ浅野は難色を示したが、結局、それを電電公社に提出した。本城和彦の助力もあり、総裁の決裁が下りた。今野によれば、一九六八年の夏頃から萩元とともに、企画の下打ち合わせを開始。二人は一〇月三一日付で、万博終了までという約束でＴＢＳを休職、翌一一月一日付で電電公社の嘱託職員の辞令を受けた。まずは中継地点の選定に取り掛かり、種子島、東京・霞が関ビル前の広場、京都・西陣織の家など「ごく当たり前の家の茶の間」に結論づけた。

種子島が「遠く」を現わし、あたり前の茶の間が「日常」を現わし、霞が関ビル前広場は、大阪会場との「対話」を現わしていた。当時のテレビでは想像しえなかった「双方向性」が、電電公

社のマイクロウェーブ網を使えば可能だった。（今野 2009: 414）

また、導入空間で上映する映像の企画、撮影、編集も、今野と萩元が請け負うことになり、二ヶ月余りにわたる世界一周の海外取材が敢行された。

ところが帰国後、総合プロデューサーの浅野翼が、「笑い」を中心に中継の演出を構成していくという方針転換を表明し、連日の生中継の指揮をとる在阪準キー局のディレクター・チームに主導権が移ったことで、ふたりとのあいだに亀裂が生じた。今野と萩元は一九七〇年二月、企画委員を途中降板することになる。

(3)「王道」へのバックラッシュ

中継の演出を担当した大阪準キー局四社のチーフ・ディレクターは、瀬木宏康（毎日放送）、澤田隆治（朝日放送）、水野匡雄（関西テレビ）、荻野慶人（読売テレビ）の四名。一九七〇年二月二六日の『朝日新聞』には「〝明日のテレビ〟リハーサル中」という見出しのもと、電気通信館の三角広場が詳しく紹介されている。四元中継による同時性を強調し、会期中は毎日、一時間近いショーがぶっ通しで繰り返されるとされ、

バトン・トワラーズの行進に始り、ガードマンの踊り、立体コミック、かけ合いの太鼓の打鳴

らしと見せ場は多い。出演者は元アナウンサーの司会者や関西の若手のお笑いタレント、東京のバレエ団の新人、バンドマン、アマチュアでは「ミス種子島」といった顔ぶれで、五十人を越える。スタッフも、総勢約六十人。

霞が関ビルの前で演じる大道芸人に、大阪からケチをつけ京都や種子島も加勢するといったコミックや、会場からの笛一つで訓練される各地のガードマンなど、ショーには同時性を強く打出したさまざまの趣向が盛られている。特色は、観客もどしどし登場することだ。ミス種子島に、居合わせた東京の独身のサラリーマンが紹介されて話合ったり、パビリオンにきていた観客が、霞が関の群衆の中から捜し出された同郷人と語り合ったり――。(6)

さらに「ここでは〝光と音の魔術〟を誇示するのではなく、観客があすの情報化社会の姿をつくり出すのがねらい」という浅野翼の談話が続く。観客の参加をうながすための仕掛けがいくつも計画された。三月一五日の『読売新聞』には電気通信館の紙面広告が掲載されており、そのなかで「通信館と東京会場（霞が関ビル）をテレビで結び巨大なスクリーンを通じて同窓会を開きます」として、「万国博同窓会参加募集」をおこなっている。(7)

また、三月二五日には四元中継を活用した「未来結婚式」が開催された。新郎新婦は東京にいて、京都にいる友人、種子島にいる親族を、三角広場のアイドホール・スクリーンを介して結ぶ。

霞が関ビルにいる二人の映像が正面スクリーンに、左右の二面に友人と親類がうつし出され、特設された祭壇の前で、大阪・石切神社の宮司さんがのりとを上げて、めでたく挙式。新郎が誓いのことばを述べ、結婚指輪を交換すると、〝式場〟となった同館の観客がいっせいに拍手して二人を祝福した。ところがこの結婚式、かんじんの新郎新婦には式場の模様は見えず、声だけ。このへんが〝未来〟の結婚式たるゆえんというわけか――。(8)

マルチスクリーンを活用した映像展示の数々に多くの観客が瞠目した反面、掘り下げた表現に向いていないという点で批判も浴びた。こうしたなかで観客の「参加」を謳った電気通信館の試みは異色だったといえよう。

大部分のものは、戦争↕平和とか繁栄↕荒廃とかいう対立性や国は変わっても若者は同じなどという同質性によって気軽に結びつけているようだ。このていどの媒介物なら私たちの常識の範囲でしかなく、観客の参加も浅いレベルでとどまってしまう。それならば、テレビの多元同時中継（電気通信館）の同一性を媒介としたいくつかの画像のもたらすスリルの方が、はるかに体験的である。(9)

人間を取り巻く環境そのものを作品と見立てる「環境芸術」は、アラン・カプローが五〇年代に創始した「ハプニング」を皮切りに、フラーやマクルーハンの理論的な影響などを背景として、モントリオール万博で大きく開花した（→第1章）。ところが、現実の大阪万博は、モントリオール万博の方法論を踏襲しつつ、多くの若き芸術家たちによって世紀の「お祭り」として演出され、無数の大衆が動員されていったとされる。六〇年代なかば以降、こうして戦後日本の芸術が万博に向き合ったのとはまったく別の仕方で、電気通信館のテレビジョンは構想されたのだった。

4　2025大阪万博へ

以上、松下館と電気通信館の対比を通じて、大阪万博におけるメディア・イベントの多層性をみてきた。

音楽社会学者の永井純一が指摘するように、七〇年代以降、メディアに囲まれた生活が常態化するなかで、テレビの生中継に媒介されたメディア・イベントの価値は（FIFAワールドカップという例外をのぞくと）一貫して低下しており、「ライブ」はテレビではなく、現場で体験されるものになりつつある。さらに永井は、日本で「イベント」という概念が浸透し、拡大していく過程を辿るなかで、その原点として大阪万博が果たした役割に着目している（永井 2016）。

また、テレビ受像機がほとんどの家庭に普及した六〇年代末までに、地方の風景が自然なかたちで全国に広まっていったが、それは当時、祭りや行事といった出来事に付随するものに過ぎなかった。大阪万博が閉幕した直後、一九七〇年一〇月に放送が始まった『遠くへ行きたい』（読売テレビ）は、「いわゆる日常的な生活の風景」がテレビを通じて一気に浸透する端緒となった（今野 2014: 166）。よく知られているように、同年にＴＢＳを退社した萩元、村木、今野たちが設立した番組制作会社「テレビマンユニオン」が手がけた番組である（→第４章）。

こうしたなかで、「メディア」と「イベント」の関係が大きく変容していったことは間違いない。第９章で述べるように、日本のメディア・イベント研究は、マスメディア事業史の研究活動に依るところが大きかったが、その分析対象は――一九六四年の東京オリンピックを臨界点として――六〇年代以前の事例が多くを占めている。裏を返せば、六〇〜七〇年代が日本のメディア・イベントの転換期に当たるという仮説のもと、東京オリンピックや大阪万博の準備過程を中心に、研究蓄積の再解釈をおこなうことが不可欠であろう。

二〇二五年には再び、大阪に万博がやってくる。先端的なデジタル技術を駆使して集団創作をおこなうアーティストやエンジニアが存在感を増しているなかで、一九七〇年万博は憧憬の対象として熱いまなざしを浴びている。たとえば、ライゾマティクスリサーチの真鍋大度は二〇一八年、筆者がおこなったインタビューのなかで、E.A.T.（→第１章）に対する関心を表明したうえで、「万博やオリンピック・パラリンピックのような巨大なプロジェクトで、今どうやってアーティストが関わり、組んでいくのがよいのかというのがすごく気になります」と語っている。[10] オリンピックや万博などの国家的行事に展望があるとすれば、「メディア」と「イベント」の機制の変容こそが、まずは問われなければならない。

謝辞

本章は、公益財団法人吉田秀雄記念事業財団「大阪万博の企業パビリオンにおけるテクノロジー表象に関する学際的研究」（研究者代表：飯田豊）、ＪＳＰＳ科研費（16K17248／研究代表者：飯田豊）、財団法人電気通信普及財団「パブリック・ビューイングの日独比較研究――複合メディア環境における「メディア・イベント」に関する理論構築に向けて」（研究代表者：立石祥子）の助成を受けた研究成果の一部である。

注

（1）「松下のパビリオンが先進的な技術をアピールしたというのは実はあまり記憶になかったりする。大阪万博の目玉はタイムカプセルであったし、大阪花博ではアンリ・ルソーの熱帯林の絵画をセットで再現するというもので、高度な映像技術を見せつけるというものではない。あるいは万博に対してもともとそういうスタンスなのかもしれない」（岡田 2005: 51）。

（2）新聞之新聞社は戦時下、内閣情報部（情報局）からの弾圧を受け、『新聞之新聞』は廃刊に追い込まれたが、文化柱は破壊を免れる。その経緯は不明だが、坂口英伸は、民間情報教育局（ＣＩＥ）の新聞課長を務めたインボーデン少佐が、式正次と懇意にしていた影響があったのではないかと推測している。来日前の少佐は週刊新聞社の経営者で、新聞などの紙資料を中心とする収蔵物の資料的価値を十分に認識していたのではないか（坂口 2015: 161–162）。

（3）「ダイニングキッチン」という造語をつくった建築家として知られる。日本住宅公団に在職中、食寝分離型の間取りを追求し、居住水準を高めた。

（4）村木良彦と前川英樹は、『月刊労働問題』一九六九年八月号に寄せた「放送労働者の原点――26の断章によるノート」のなかで、TBS闘争を総括して次のように述べている。「いくたの変遷のなかでそれなりに定着しつつあったテレビジョン概念が、歴史の必然として〈解体〉しつつあるのだ。それは現代資本主義の変質と無関係ではない。たとえば、個々の番組は独立した有機体としての機能を失いつつあり、全体の流れ＝〈時間〉の機能のなかに吸収されつつある。［…］テレビジョンを選びなおすということ、それはテレビジョンにかかわってしまった者の自己確認のために不可欠な作業である。［…］まさに選びなおすということが、テレビジョンの存在をアプリオリなものと考えてしまうことを拒否するゆえんであるからだ。したがって、この視点に立つとき、はじめて諸々の経済闘争・政治闘争等の運動論・組織論と対比されたテレビ論＝文化論ではなく、より根源的な問いとして、〈テレビジョンとはなにか〉が私たち個々人に投げかけられるのだ」（村木・深井 1970: 81）。

（5）和田勉は、もともと浅野翼と懇意にしていた。NHK大阪（JOBK）に勤務していた和田は一九五九年に結婚し、長居公団住宅の五〇五号室に新居を構える。五〇六号室に住む隣人が浅野だった。大阪労音プロデュースで安部公房作のミュージカル『可愛い女』を制作していた浅野は、和田に安部を紹介したという（和田 2004: 95-96）。和田は同年、安部の脚本による『円盤来たる』『日本の日蝕』という二本のテレビドラマを演出した。そして一九六一年、和田は東京勤務となる。この年に演出した『あなたは誰でしょう』という教育テレビのドラマで、脚本を担当したのが谷川俊太郎である。

（6）『朝日新聞』一九七〇年二月二六日号（朝刊）、九面。

（7）『読売新聞』一九七〇年三月一五日号（朝刊）、二二面。

（8）『読売新聞』一九七〇年三月二六日号（朝刊）、一五面。

（9）『読売新聞』一九七〇年六月一八日号（夕刊）、七面。

（10）NTT InterCommunication Center で配布された、筆者監修の小冊子『TECHNOLOGY×MEDIA EVENT』に収録（非売品）。

参考文献

フータモ、E.（2015）「バックミラーのなかのアート――アートにおけるメディア考古学的伝統」大田純貴訳『メディア考古学――過去・現在・未来の対話のために』NTT出版
萩元晴彦・村木良彦・今野勉（1969→2008）『お前はただの現在にすぎない――テレビになにが可能か』朝日文庫
五十嵐太郎・磯達雄（2010）『僕らが夢見た未来都市』PHP新書
関西民放クラブ「メディア・ウォッチング」編（2015）『民間放送のかがやいていたころ――ゼロからの歴史51人の証言』大阪公立大学共同出版会
暮沢剛巳・江藤光紀（2014）『大阪万博が演出した未来――前衛芸術の想像力とその時代』青弓社
今野勉（1967）「テレビ的思想とは何か」『映画評論』一九六七年三月号
今野勉（2009）『テレビの青春』NTT出版
今野勉（2014）「流通するイメージとメディアの中の風景」（インタビュー）『ディスカバー、ディスカバー・ジャパン「遠く」へ行きたい』東京ステーションギャラリー
邦光史郎（1970）『幻想の祭典――日本万国博』講談社
陸曄（2015）「映像都市：巨大スクリーンと都市の視覚的経験――二〇一〇年上海万博を事例に」『5: Designing Media Ecology』四号
丸之内リサーチセンター編（1968）『日本万国博事典』丸之内リサーチセンター
松井茂（2015）「流通するイメージとメディアの中の風景」『AMCジャーナル――芸術情報センター活動報告書』一号
村木良彦（1968）「テレビジョンは異端を必要としている」『三田新聞』一九八六年五月一日・八日号
村木良彦・深井守（1970）『反戦＋テレビジョン――〈わたし〉のカオス・〈わたし〉の拠点』田畑書店
永井純一（2016）『ロックフェスの社会学――個人化社会における祝祭をめぐって』ミネルヴァ書房
長崎励朗（2013）『「つながり」の戦後文化誌――労音、そして宝塚、万博』河出書房新社

岡田朋之（2006）「映像パビリオン進化論」加藤晴明・岡田朋之・小川明子編『私の愛した地球博』リベルタ出版
坂口英伸（2015）『モニュメントの20世紀——タイムカプセルが伝える〈記録〉と〈記憶〉』吉川弘文館
椹木野衣（2005）『戦争と万博』美術出版社
タイム・カプセルＥＸＰＯ'70記録小委員会編（1975）『ＴＩＭＥ ＣＡＰＳＵＬＥ ＥＸＰＯ'70記録書』松下電器産業
和田勉（2004）『テレビ自叙伝——さらばわが愛』岩波書店
吉見俊哉（1992→2010）『博覧会の政治学——まなざしの近代』講談社学術文庫

第8章　メディア・イベントの可能態

——藤幡正樹《Light on the Net》（一九九六年）を解読する

一九九六年に発表された《Light on the Net》は、慶應義塾大学藤幡正樹研究室と財団法人ソフトピアジャパンの共同研究として、岐阜県大垣市のソフトピアジャパンセンタービル（本館）一階に設置された筐体（図8-1、8-2）、およびインターネット上のウェブサイトから構成される作品である。筐体には七×七＝四九個の電球が取り付けられている。その様子をサイトからモニタリングでき、ひとつずつ電球を付けたり消したりすることができる。

ソフトピアジャパンは、岐阜県が大垣市に整備した先端情報産業団地であり、同年に竣工したセンタービルの設計は黒川紀章。《Light on the Net》は二〇〇一年までここに設置されていた。情報科学芸術大学院大学［ＩＡＭＡＳ］と大垣市が主催する「岐阜おおがきビエンナーレ２０１７」では、この作品の現代的意義に焦点があてられ、電源を抜いたオフラインの筐体と、共同研究の報告書、藤幡自身のノート、プロジェクトに関わったメンバーによるレポート、新たに藤幡が編集した映像記録が展示された。

そして二〇一七年一二月二四日には、シンポジウム「藤幡正樹《Light on the Net》を解読する」が開催され、藤幡正樹、飯田豊、喜多千草、篠原資明、松井茂（司会）が登壇した。本章はこのシンポジウムで報告した内容にもとづいて執筆した論考である。

図 8-1　ソフトピアジャパンセンタービルに設置された《Light on the Net》の筐体（1996 年）
出典：Archive: Masaki Fujihata https://masaki-fujihata.tumblr.com/post/51394856567/light-on-the-net-keio-university-fujihata-lab

図 8-2　《Light on the Net》のウェブサイト（1996年）
出典：Archive: Masaki Fujihata https://masaki-fujihata.tumblr.com/post/51394856567/light-on-the-net-keio-university-fujihata-lab

1　メタ・モニュメント――藤幡正樹『巻き戻された未来』（一九九五年）より

《Light on the Net》は、藤幡正樹が一九九五年、『巻き戻された未来』という著書のなかで示したメディア論の展望と密接に結びついている。

> 社会の需要要求とメディア世界を結び付けるために、ネットワークの中にモニュメントを存在させること、「メタ・モニュメント」を作ろう。誰もが参加して、その進行を共有する社会にしよう。（藤幡 1995: 31）

> Peep Hole はなぜ面白いのかわからない、そういうものだとしかいいようがないからだ。［…］メタ・モニュメントというコンセプトが私の中で立ち上がってきた。それはネットワークの中にどうやったら共同体意識を作りあげることができるのかということである。（藤幡 1995: 180）

《Peep Hole》は一九九四年、藤幡研究室に所属していた江渡浩一郎たちによって試みられたインターネット・アートの嚆矢で、ネットに接続されたカメラからリアルタイムに画像を取得し、ウェブページに表示するプロジェクトである。そして《Light on the Net》を解説した報告書の冒頭には、「本来“Meta Monument”というアイデアから発想され」、「それを中心とするある種の共同体の発生を促すか」といったことを実験するためのプロジェクトであるということが明記されている（藤幡ほか 1997: 3）。言うまでもなく、《Light on the Net》はインターネット上のモニュメントであり、ソフトピアジャパンという具体的な場のモニュメントでもある。

> ユーザーが出会う直接のインターフェイスであるネットワークの端末の上で、メディア空間とリアルワールド、すなわち仮想的なエンティティと実際の世界でのエンティティが出会うことになる。我々はネットワーク空間をメディア化するためのコンピュータとインターフェイスとそのコミュニケーションのスタイルをデザインする必要がある。（藤幡 1995: 14）

日本では一九八〇年代なかば、「ネットワーク」という言葉が日常的に広く使われるようになったが、それは情報通信技術の発展のみに由来するわけではない。国鉄や日本電信電話公社の民営化（＝ネットワーク産業の市場経済化）に加えて、（ソフトピアジャパンがモデルとしている）シリコンバレーなどに経済界が注目し、さまざまな産業システムのなかで重層的なネットワーク分業が進行していったことが発端になっている。

さらに遡れば、ネットワークとは元来、「通信（communication）」と「交通（traffic/transport）」の体系の総称であった。一九世紀に電信網が整備されたころ、「通信」と「交通」のあいだに明確な区別はなかった。文芸批評家のレイモンド・ウィリアムズによれば、道路、運河、鉄道の発達の最盛期には、コミュニケーション（communication）はこれらの設備の抽象的な総称として使われることが多かったのに対して、二〇世紀中ごろになって初めて、主として新聞や放送などのメディアの媒介作用を意味するようになった（Williams 1976＝2011）。社会学者の加藤秀俊も、「通信」と「交通」が本格的に分離する契機を、一九三〇年代の技術革新に見出している（加藤 1977）。言い換えれば、「メディア空間」と「リアルワールド」のコミュニケーションが純然と分離できるという発想自体、マスメディア時代の産物に他ならない。したがって、

いかにして我々が、旧来のメディアのイメージに依存しない、オープンなマインドを持つことができるか、というネットワーク・リテラシーの問題の方が、ハードウェアの問題よりも大きいのだ。（藤幡 1995: 176）

ネットワーク・アニミズムは、交通メタファーを超えて、ネットワーク・インフラストラクチャーではイメージできないところから発生する。[…] ネットワークの中に、現実とは切り離されたローカリティを発生させてしまう。人はこれを基盤としてコミュニケーションを行い、街の形成を行い始める。それがメディア内コミュニティの形成につながっていく。ある出来事を共有した人達の間でメタレベルのローカリティが生まれる。コミュニティは次第に「街」となっていく。

（藤幡 1995: 22）

コミュニケーションとは、「交通」であると同時に、コミュニティを形成する「儀礼（ritual）」でもある。そして、

この新しい思考環境を確立するためには、新しい技術を持った発想が必要である。ここに多くの「達人《マエストロ》」を集める必要がある。高価な機器を自由に扱い、自らの思考を形にすることができる「達人」が必要だ。技術の垣根を超えて、可能性を拡張するためには、そうした「アート・マインド」を持つ「達人」が必要なのだ。そうしなければ来るべき世界は、小さなまま固まってしまうだろう。人間の持っている現実空間と、ネットワークの持っている空間とのマッピングを行いながら、人間の活動を注意に据える装置とは、いったいどんなものだろうか。その装置がユーザーに与えるイマジネーションが重要なのだ。（藤幡 1995: 26）

それが言語化不能なものであってもかまわない（言語として語ることができたら、その作品の生命は終わったのだとも言える）。そして、いつまでも解かれないような問題を提起することだ。こういったインターフェイスが使われていくためには、「ネットワーク・マインド」を持った人間（ネティズンとも呼ばれはじめた）を育成すると同時に、広く社会に対して来るべき世界のイメー

ジを供給する必要があるだろう。（藤幡 1995: 29）

だからこそ、インターネットの黎明期、ソフトピアジャパンという街（＝先進情報産業団地）のメタ・モニュメントにこそ、《Light on the Net》は相応しかった。

2　祝祭としてのメディア・イベント
――祐川良子「インターネットメディアにおける美術作品の試みと考察」（一九九七年）より

ネットワークにつながった一台のコンピュータは、住所を持った特殊な「存在」である。だれでもがそこへ「地図」さえあれば行くことができる。そこでは時としてお祭りをやっているかもしれない、また、そこには描きかけの絵が置いてあるかもしれない。［…］一台のコンピュータが、そうした「存在」として他者へ情報を流していることになる。その情報をより多くの人が求めているとしたら、たった一台のコンピュータでも、放送局のように機能することができる。（藤幡 1995: 20）

《Light on the Net》の原案は、藤幡研究室の学生だった祐川良子が一九九五年七月に公開した作品《共通認識具象化装置》だったという（図8－3）。藤幡の指摘と呼応するように、《Light on the Net》の完成後、祐川は次のように述べている。

> それは「比喩的に〈空間〉」としか言いようが無い。私たちはネットワークを介してここで出会い、電球の点滅によって会話する。光のお祭りのように。しかしこの仮想の空間のむこうには本物の電球が点滅している。（祐川 1997）

《Light on the Net》には「身体性の拡張」「同時性」「参加性」「共有感覚」「リアリティを喚起する力」（藤幡ほか 1997: 5）といった特徴を見出すことができるという。このような特徴を包含する概念として、祐川自身はこのプロジェクトの「祝祭性」を強調したうえで、「インターネットが祭りを広く開かれたものにしながら、ネットワーク上に共同体を作り上げていく可能性」に注目している。

図 8-3　祐川良子《共通認識具象化装置》（1995 年）
出典：Archive: Masaki Fujihata http://masaki-fujihata.tumblr.com/post/51399298133/original-version-of-light-on-the-net-coined-by

> 周期的にではなく、ほとんど常に電球は点灯／消灯されている。この作品は美術作品であることを超えて、電球を象徴として恒常的に行われる祭りだと言えるのではないか。［傍点は引用者］（祐川 1997）

そして祐川は、メディアのなかで展開される新しいタイプの祭りという観点から、「メディア・イベント」という概念に言及しているのだが、この指摘には留保が必要であろう。

ダニエル・ダヤーン（Dayan, D.）とエリユ・カッツ（Katz, E.）は一九九二年、マスメディアに媒介された世俗的儀礼の演出と受容に焦点をあてた議論の伝統を踏まえて、『メディア・イベント——歴史をつくるメディア・セレモニー（*Media Events: The Live Broadcasting of History*）』を著した。「メディア・イベント」という言葉は七〇年代から使われていたが、彼らがとくに注目したのは、通常のテレビ放送の編成が変更され、特別枠で伝えられるイベントである。それは生放送と局外中継の大規模な組み合わせによって、視聴者のあいだに特別な連帯の感情をもたらす「マス・コミュニケーションの特別な祭日」と位置づけられる（Dayan and Katz 1992＝1996）。また吉見俊哉は一九九三年、「メディアのなかの祝祭」という論文のなかで、メディア・イベントという概念の重層的意味を、①新聞社や放送局などのマスメディア企業体によって企画され、演出されるイベント、②マスメディアによって大規模に中継され、報道されるイベント、③マスメディアによってイベント化された社会的事件＝出来事、と分節化している（吉見 1993）。

いずれにしても、メディア・イベントは本来、あくまでマスメディアの社会的機能を示す概念のひとつとして了解されてきた。裏を返せば、インターネットに媒介されたメディア・イベントという発想自体が、当時としては稀有なものだっただろう。また、「特別な祭日」という比喩が用いられているように、メディア・イベントは本来、その仮設性——モニュメントではなくムーヴメント——によって特徴づけられる。

仮設の舞台に支えられたイベントには、おのずと祝祭的な非日常性がともなう。建築史家の西和夫は、神社の境内で披露される伝統芸能の舞台が、祭礼の時にだけ組み立てられる仮設物であることに着目している。たとえば神楽では、演者が現世から離れて一時的に変身を遂げるため、一時的な舞台が必要になる（西ほか 1997）。ロバート・クロネンバーグ（Kronenburg, R.）もまた、仮設建築物が「エフェメラル（ephemeral）」であるがゆえに発揮される創造性に着目し、その文化的重要性を考察している（Kronenburg 1995＝2000）。本来、恒久的に特定の場所に残り続けるモニュメントとは対照的なのである。

したがって、（マスメディアではなく）インターネットに媒介された、（一時的ではなく）恒常的な祭りがおこなわれる（仮設舞台ではない）モニュメントとしての《Light on the Net》は本来、メディア・イベント研究が措定してきた祝祭性からは大きくかけ離れている。それでもなお、こうしてメディア・イベントという——今では使い古された感があるが、当時としては——まだ新しい視座を通じて見出されたインターネットの可能態を、概念の誤用として片付けてしまうのはもったいない。

私はインターネットによって夢のような未来社会が実現するとは頭から信じているのではない。

例えば、歴史の中で権力機構はメディアを統制することによって大衆を操作してきた。いかがわしい宗教もメディアの中で活動を広げていくことも可能である。［…］まだインターネットの文化は萌芽状態である。だからこそ、この中には、同様に、既存の社会秩序にはあてはまらない、自由かつ平等な共同体が形成される可能性もある。今までの社会においては少数の異端者が距離を超えてネットワークの中で集うこともできる。社会的な少数者が発信しあい、交流することを容易にしたメディアなのである。（祐川 1997）

つまり、従来のメディア・イベントに見られる特性が、インターネットに媒介された《Light on the Net》からも観取できるということではない。逆にマスメディアがもたらす「同時性」や「参加性」「共有感覚」との差異こそ、追究する価値があるのではないかと祐川は問題提起している。

このような展望とは裏腹に、日本ではその後も、新聞社や放送局が主導するメディア・イベントが、読者や視聴者に働きかけて大衆動員を実現する手法、あるいはナショナリズムを高揚する手段として採用されたと結論づける歴史研究ばかりが蓄積されてきた。メディア・イベントは、人びとに強烈な共有体験をもたらし、「われわれ」としての集合的記憶を強化するとともに、他者との境界を再確認させるというものだ。

それに対して、国際化と情報化にともなうメディア・イベントの今日的変容を同時代的に分析する機運は、英語圏に比べて低調であった（Couldry, Hepp and Krotz 2009; Mitu and Poulakidakos 2016）。

インターネットが普及した現代社会においては、さまざまな規模のオンライン共同体が生成と消滅を繰り返し、無数の出来事＝イベントが日々、島宇宙的に媒介されている。かつて人びとがテレビを消費することによって連帯を感じることができたように、現代ではインターネットによって、集合的な想像の共同体の一部として自己同定されうる。ダヤーンとカッツはメディア・イベントに対して、①ポストモダン状況における有機的結束の基盤となる、②社会を映し出す機能を持つ、③統一性だけでなく多元主義を称揚するといった理由から、「無批判的ではないが、暗に擁護する立場」を示していた（Dayan and Katz 1992＝1996: 9–10）。現在から振り返れば、これらはマスメディアよりもむしろ、インターネットに仮託されてきた未完の希望である。この微妙な立ち位置の含意を、われわれはいま一度、注意深く検討する必要があろう（↓第9章）。

3　《Light on the Net》の現代的意義

藤幡は近年、インターネットに媒介された非同期のコミュニケーション手段によって、社会空間が分断化され、日々の生活が時間的に断片化されていることの懸念を表明したうえで、次のように述べている。

一九九〇年代後半には現実世界をインターネットにどう投影してゆくかが課題であったが、現在の問題は、インターネットが現実を操作しつつあり、人間はそこへデータを投じる端末に過ぎなくなっているということだ。［…］メタ・モニュメントをめぐる議論は、ここまできて、サイバースペースにおける記憶という問題を離れて、むしろ身体的な経験による記憶をどのように再生できるかという問題に移行する。（藤幡 2016: 013, 11-13）

そして藤幡は、二〇年ごとに社殿を建て替える伊勢神宮の式年遷宮を引き合いに出している。「個別の社殿は実在するがそれは常に新しく、その時代という瞬間のなかに存在し、また消えてゆく」（藤幡 2016: 013, 13）。このような観点は、前節で述べたような、仮設文化の祝祭性と通底する。振り返ってみれば、「技術そのものが目的化してしまってはならない。ネットワークは人間同士を結ぶ新しい関係性のネットであると考えたい」（藤幡ほか 1997: 2）という当時の言明は、今なおアクチュアリティを失っていない。

本当におもしろい問題は、文字を超えてどうやって現実との接点を作っていくかという問題だ。［…］隣の家の犬に餌をやったことさえないのに、南カリフォルニア大学の花に水をやるのが楽しみになるっていったいどういうことなんだ。［…］まだまだ、いろいろなものをネットワークにつなげることができるのではないだろうか？　個人の肉体が持てるセンサーの限界をはるかに超えた感覚を僕らはネットワークを通じて得ることができるのだ、と思うといつも楽しくなって

しまう。（藤幡 1996→1999: 59）

二〇年以上前に《Light on the Net》が示した祝祭性を振り返ることによって、次第に忘却されつつあるインターネット黎明期の熱量を想起するとともに、メディア・イベントという視座が暗示していた微かな希望にも立ち戻ることができる。

謝辞

本章は、ＪＳＰＳ科研費（JP16K17248／研究代表者：飯田豊）の助成を受けた研究成果の一部である。

参考文献

藤幡正樹（1995）『巻き戻された未来』ジャストシステム
藤幡正樹（1996→1999）「ユートピアよいつまでも」『アートとコンピュータ――新しい美術の射程』慶應義塾大学出版会
藤幡正樹（2016）「メタ・モニュメント」『MASAKI FUJIHATA Anarchive6』éditions Anarchive
藤幡正樹・川嶋岳史・祐川良子・岩田正樹・久保祐也・伊藤善寛・樋口亘（1997）「コンピュータネットワークより始まる未来のメディア空間に関する研究」『ソフトピアジャパン共同研究報告書』一巻一号
加藤秀俊（1977）「一九三〇年代のコミュニケイション」『文化とコミュニケイション 増補改訂版』思索社
西和夫・神奈川大学建築史研究室（1997）『祝祭の仮設舞台――神楽と能の組立て劇場』彰国社
祐川良子（1997）「インターネットメディアにおける美術作品の試みと考察」（未刊行）
吉見俊哉（1993）「メディアのなかの祝祭――メディア・イベント研究のために」『情況』一九九三年七月号

Couldry, N., Hepp, A. and Krotz, F.（eds.）（2009）*Media Events in a Global Age*, Routledge.
Dayan, D. and Katz, E.（1992）*Media Events: The Live Broadcasting of History*, Harvard University Press.＝（1996）浅見克彦訳『メディア・イベント――歴史をつくるメディア・セレモニー』青弓社
Mitu, B. and Poulakidakos, S.（eds.）（2016）*Media Events: A Critical Contemporary Approach*, Palgrave Macmillan.
Kronenburg, R.（1995）*Houses in Motion: The Genesis, History and Development of the Portable Building*, Academy.＝（2000）牧紀男訳『動く家――ポータブル・ビルディングの歴史』，鹿島出版会
Williams, R.（1976）*Keywords: A Vocabulary of Culture and Society*, Croom Helm.＝（2011）椎名美智・武田ちあき・越智博美・松井優子訳『完訳 キーワード事典』平凡社

第9章　遍在するスクリーンが媒介する出来事《イベント》
――メディア・イベント研究を補助線に

スクリーンに媒介されたイベント――「パブリック・ビューイング」や「ライブ・ビューイング」などの集団視聴、あるいは大規模なオンライン視聴と連動したイベントなど――が人口に膾炙している。これらは多くの場合、映画やテレビを中心とするマスメディアの地殻変動と密接に結びつき、その重要な一部を構成しているとともに、インターネット社会におけるマス・コミュニケーション現象の課題や展望を示唆している。そこで本章では、メディア・イベントという（やや使い古された）概念を切り口に、スクリーン・スタディーズという視角を切り拓く道筋を検討したい。

1　スクリーンと映像が遍在する二〇二〇年代

たとえば、ＦＩＦＡワールドカップ（以下、Ｗ杯）の開催にさいしては近年、パブリック・ビューイングが世界各地で人気を博している（図９－１）。その独特な受容体験は、しばしばテレビ草創期における街頭テレビの熱狂に喩えられる。ただし現在では、テレビ中継が会場の巨大スクリーンで視聴されるのみならず、手のひらのスマートフォンでも同時に情報が収集され、ＳＮＳなどを通じて声援や野次が拡散していく。

図9-1　ドイツでのパブリック・ビューイング（2012 年）
出典：Wikimedia Commons ©AxelHH
https://commons.wikimedia.org/wiki/File:Public_Viewing_Hannover_Waterlooplatz_2012.jpg

スクリーンに媒介されたイベントを構成するのは、放送局が中継する番組ばかりではない。音楽や舞台などの公演中継を、映画館やライブハウスのスクリーンで鑑賞する「ライブ・ビューイング」も、ここ数年で市場規模が急速に拡大している。[1] 二〇〇九年一二月に映画『アバター（*Avatar*）』が公開され、映画館のデジタル化が一気に進んだことで、ライブ・ビューイングの拡大を促すための技術的要件が整った。高品質の映像・音響設備によって、会場の雰囲気が生々しく再現できるようになり、「非映画コンテンツ（Other Digital Stuff; ＯＤＳ）」という業界用語も生まれた。宝塚歌劇団の公演は必ず満席になり、人気アイドルのコンサートも確実に動員が見込めることから、シネマコンプレックスにとって手堅い収益源になっている。[2] コンサートの場合、アーティストは目の前の観客のみならず、遠隔地のスクリーンを介して鑑賞している観客にも呼びかけ、各地の会場を同時に盛り上げる。また、二〇一六年になると、映画館で観客が大声を出すことを認める、いわゆる「応援上映」というイベントが定着した。

二〇一二年から毎年四月、株式会社ドワンゴが開催している「ニコニコ超会議」のように、大規模なオンライン視聴を前提に始まったイベントもある（図9－2）。会場に遍在する無数のスクリーン、あるいは手元のPCやスマートフォンを介して、ネット視聴者とともにイベントを楽しむ。

図9-2　ニコニコ超会議（2016年）

かたやネット上では、「弾幕」と呼ばれるコメントを通じて視聴者同士が盛り上がることから、その様子もまた「街頭テレビ」に喩えられることが多かった。

また、スクリーンを用いないプロジェクション・マッピングも、今のところ技術の希少性が高いことから、「街頭テレビ」と比べられることがある。こうした新しい映像文化は、テレビ受像機が家庭に普及する過程で失われた集団視聴という現象を、擬似的に再生しているという一面がある。さらに、プロジェクション・マッピングは、特定の場で共時的な身体経験を生み出す技術として使用されている反面、オリンピックの開会式における演出をはじめとして、テレビが媒介する映像表現としても――二〇二〇年に向けて――存在感を発揮している。

これらはいずれも、参加者や視聴者のあいだに連帯の感情が共有されているかのような、一時的で、仮設的な映像体験である。国際化や情報化の影響を色濃く反映したトランスナショナルな文化現象でありながら、依然として、マスメディアや文化産業が重要な役割を果たしている。ただし、同じ場所で祝祭的な経験を共有していないながら、われわれの意識はそうした局在性をやすやすと超えてしまう。新しい情報技術が空間性や時間性そのものを根底から変容させていく二〇二〇年代において、「メディア」と「イベント」の新しい結びつき方を、われわれはどのように捉えることができるだろうか。

2　メディア・イベントからスクリーン・スタディーズへ

一九九〇年代に提起されたダヤーンとカッツの議論（→第8章）を踏まえて、オリンピックやW杯などのテレビ中継はこれまで、典型的なメディア・イベントとして捉えられてきた。パブリック・ビューイングは、メディア・イベントの新しい受容形態として注目を集めているが、考察の余地を多分に残している。テレビ放送の受容に関してはこれまで、あくまでも家庭内視聴が前提とされてきたのに対して、パブリック・ビューイングは、参加者（視聴者）の能動的関与によって、メディア・イベントとしての放送が再イベント化されるという特性があるためである（立石 2017）。

日本にパブリック・ビューイングが定着したのは二〇〇二年の日韓共催W杯にまでさかのぼるが、

こうした集合的沸騰に対して、批判的な言説も存在した。精神科医の香山リカが当時、路上などで無邪気に国旗を振る日本の若者たちを「ぷちナショナリズム症候群」と評したことは、とくに大きな話題になった（香山 2002）。そして後年には、ニコニコ超会議に表出する右傾化傾向が海外で厳しく非難されたこともある。[3] たとえメディア・イベントという概念を知らなくても、国家的ないし国際的なイベントがもたらす同調圧力に対する危機感は、今でも多くの人びとのあいだで共有されていることが分かる。ただし、二〇世紀のメディア・イベントは、大衆の集団的意識を動員する効果的な手段になりえたかもしれないが、われわれの生活がデジタルメディアによって多重的に媒介され、あちこちにスクリーンが遍在している現実のなかで、それは決して容易なことではない。右傾化批判の妥当性を検証するためには、インターネットやモバイルメディアなどの普及にともない、複合化した情報環境のもとで成立するイベントの社会的機能を、実証的に捉えていく必要がある。[4]

二〇〇六年のドイツW杯においても、ドイツ国内では大規模なパブリック・ビューイングが開かれた。とくに大きな注目を集めたのが、ベルリンの「ファンマイレ（Fanmeile）」――「ファンのための数マイルの道」の意――である。このイベントでは、試合を観戦するためのスクリーンが何枚も仮設されているだけでなく、ステージ上では音楽フェスティバルが催され、露店が立ち並ぶ路上では、ダンスや小競り合いが繰り広げられた。国外からの観光客を見込んだＦＩＦＡの公式イベントだったが、ふたを開けてみると多くのドイツ人――しかも若者だけでなく高齢者までも――が、国旗を振る光景が見られた。第二次世界大戦後、公的空間で国旗を振るという行為が自制されてきたのは、日本と同じである。ところが、参加者が文字通り、熱狂的なサッカーファンだったとは限らない。さほど試合内容に関心を向けることなく、流行のパーティを楽しむために会場を訪れた人びとも数多く存在していたのである。

フランスの哲学者ベルナール・スティグレール（Stiegler, B.）が、「プログラム産業」という言葉を用いて批判しているのも、メディア・イベント研究の問題関心と近接している。W杯の決勝は世界中で数億、数十億人によって視聴される。この大規模な時間的一致によって、視聴者の集団的意識と無意識が過度に「同期化」され、人びとの経験の「特異性」を均質化してしまう（Stiegler 2001＝2013）。インターネットやモバイルメディアの普及にともない、コミュニケーションが個人の興味関心に最適化されているなかで、こうした議論の構図が有効性を失っているという反論もできる（Crary 2013＝2015）。ただし、人びとの意識の絶えざる流れを産業的資源として捕捉しようとする、いわゆる「注意《アテンション》・経済《エコノミー》」を支えるテクノロジーの進化という観点からみれば、むしろ両者は連続的に捉えられるだろう（谷島 2016）。

したがって、メディア・イベントとは従来、マスメディアの社会的機能を示す概念のひとつとして了解されてきたが、「テレビ」や「放送」、「視聴者」といった概念が軒並み自明性を失っている現在、電波を介して〈放送されている／いない〉という差異は、はたしてどこまで重要だろうか。裏を返せば、イベントを媒介する事業主体が〈マスメディアである／ない〉という同定も、次第に困難になっている。二〇二〇年の東京オリンピック・パラリンピックを引き合いに出すまでもなく、ネットに媒介されたイベント中継は、今後ますます大規模化していくだろう。[5]そしてその受容体験は、ネット上で日々、日常的に実践されている擬似的な集団視聴と切り離して考えることはできない。すでに述べたように、パブリック・ビューイングに対しても使われる「街頭テレビ」という比喩、そして批判的言説の近接性も看過できない。

二一世紀に入って、インターネットが世界のすみずみまで普及し、国際化がますます進展していくなかで、少なくとも英語圏では、ニック・クドリー（Couldry, N.）をはじめとして、メディア・イベントがいかに変容しているのかを明らかにする研究が少なくない（Couldry, Hepp and Krotz 2009; Mitu and Poulakidakos 2016）。ダヤーンとカッツのメディア・イベント研究が、日常の時間の流れから切断された次元に成立する、全国あるいは全世界の関心が集まるようなイベントに焦点を絞っていたのに対して、日本ではどちらかといえば、新聞社や放送局の事業活動を念頭に、もっと規模の小さな、日常との境界が曖昧なイベントに対して、強い研究関心が向けられてきた。それでは、常時接続が当たり前になったインターネットの媒介作用まで視野に入れた場合、メディア・イベント研究がこれまで蓄積してきた知見は、今後いかに継承できるだろうか。

そこで次に、日本におけるメディア・イベント研究の系譜を中心に跡づける。結論を先取りすれば、日本のメディア・イベント研究は、歴史分析に厚みがある反面、国際化と情報化にともなう今日的変容を分析する機運は低調であった。また、大衆動員の手段としてメディア・イベントを捉える事例研究は枚挙にいとまがなく、逆にそうした権力的作用に対する抵抗の契機を見出そうとする視座も広く共有されている。しかし本章では、この二分法の限界を指摘する。

それに加えて、メディア・イベントが受容される空間を記述する方法論も、これまで十分に精錬されていない。メディア・イベントが受容されるのは、常設された受像機や常時携帯された端末を取りまく日常的な視聴空間とは限らず、仮設のスクリーンに媒介された、より短命でおぼろげな出来事でありうる。インターネットが現実のコミュニケーションを拡張する方向に作用し、都市とメディアの境界が融解している現在、このような経験をいかに捉えることができるだろうか。

3　メディア・イベント研究の到達点と課題

(1)　日本におけるメディア・イベント研究の系譜

第8章でも述べたとおり、吉見俊哉は一九九三年、「メディア・イベント」という概念の重層的意味を、①新聞社や放送局などのマスメディア企業体によって企画され、演出されるイベント、②マスメディアによって大規模に中継され、報道されるイベント、③マスメディアによってイベント化された社会的事件＝出来事、と分節化している（吉見 1993; 1996）。この整理は後続の研究で頻繁に援用され、日本におけるメディア・イベント概念を決定づけた。

それに先立って、吉見は一九九〇年、「大正期におけるメディア・イベントの形成と中産階級のユートピアとしての郊外」と題する論文のなかで、電鉄資本と新聞社資本によって演出された「メディア・イベント」としての博覧会を分析している。「新聞社というマス・メディアと博覧会というマス・イベントの結びつき」（吉見 1990: 146）を明示的に表す概念として、「メディア・イベント」という言葉をいち早く、①の意味で用いていたのである。それに対して、②は言うまでもなく、ダヤーンとカッツの概念を意味する。ダニエル・ブーアスティン（Boorstin, D.）の擬似イベント論やギー・ドゥボール（Debord, G.）のスペクタクル論などを踏まえてさらに拡張された③の意味は、一九九五年のオウム真理教事件などを経て、「劇場型社会」といった議論にも継承されていく。[6] ひいてはインターネット上の「祭り」、そして「炎上」の研究にまで通じる視角といえよう。

もっとも今日では、スポーツのテレビ中継が無条件で「メディア・イベント」と呼ばれることもあれば、何らかのイベントがおこなわれる空間自体を指すという拡大解釈まで散見される。「メディア・ミックス」とほぼ同じ意味合いで用いられることも珍しくない。こうした概念の揺らぎもまた、メディア・イベント研究の課題のひとつといえる。[7]

こうしたなか日本では九〇年代から、①の意味に重点を置いた実証研究に厚みがあった。それは「新聞事業史研究会」などを母体として、一九九一年に始まった「マス・メディア事業史研究会」（その後、「メディア・イベント史研究会」に改称）の活動（津金澤編著 1996; 津金澤・有山編著 1998; 津金澤編著 2002）に拠るところが大きい。明治以降、新聞社や放送局が主催または共催するスポーツ大会、博覧会や展覧会、音楽会や講演会などの催し物、さらには社会福祉や研究助成などを含む事業活動が、紙面や電波を通じた言論・表現活動と並んで、いかに重要な社会的役割を果たしてきたかが、今日まで多様な事例研究にもとづいて実証されている。[8] とりわけ、マスメディアとスポーツ・イベントの関係に対する関心が高かった。戦前に始まった「夏の甲子園」「ラジオ体操」から、戦後の日本社会に根づいていくプロ野球中継まで、新聞社や放送局はスポーツ・イベントを主催し、みずから報道や中継をおこなう。マスメディアが主導するスポーツ文化が日常に根ざしていった過程が注目され、さまざまな事例研究が蓄積されてきたのである。[9]

その一方、科学史家の吉田光邦を中心として一九八〇年前後に始まった「万国博覧会研究会」（吉田 1985; 吉田編 1986）、その成果を批判的に継承した『博覧会の政治学』（吉見 1992→2010）に連なる博覧会研究の系譜がこれに隣接している。これらは「創られた伝統」（Hobsbawm and Ranger eds 1983＝1992）や「柔らかいファシズム」（de Grazia 1981＝1989）などの研究動向とも結びつき、①の意味でのメディア・イベントの産業的基盤が戦前期から形成されてきた過程、および戦中期の戦争宣伝事業との関係などについて、今日まで多くの知見が蓄積されてきた。このような「日本型」メディア・イベント研究の知見は、メディア研究のみならず、日本の近現代史や美術史、観光学や歴史地理学などにも貢献してきた。[10]

もっとも、②や③の視点と通底する先駆的な議論も存在する。たとえば、ジャーナリストの筑紫哲也は一九八〇年、アメリカ大統領選挙に関するテレビ報道を分析するなかで、「メディアがとびついてくれるようなイベントをいかに作り出すかが、選挙運動の眼目になる」として、これを選挙の「メディア・イベント」化と呼んでいる（筑紫 1980: 130）。社会学者の早川善治郎は一九八八年、プロレスの実況中継、皇太子成婚パレード、東京オリンピックを経て、安田講堂やあさま山荘の現場中継に至るまで、戦後日本のテレビ報道を「イベント・メディア化」の過程と捉えた（早川1988）。

テレビ普及期と重なった一九五九年の皇太子成婚報道、とくにテレビ受像機の普及をうながした四月一〇日の成婚パレード中継が、一九五三年のエリザベス女王戴冠式における儀礼の演出と中継の手法を部分的に踏まえているとされ、②の意味でのメディア・イベントの代表例として頻繁に言及される。また、一九六四年の東京オリンピックに関しても、メディア・イベントとしての特性が多角的な視点から考察されてきた。二〇二〇年に東京オリンピックが開催されることが決まって以来、再検証の機運はいっそう高まっている(11)。

そして、一九八八年九月に始まった昭和天皇の病状報道、翌年一月七日の天皇崩御にともなう皇室報道は、③の意味でのメディア・イベントに他ならなかった（竹下1989; 吉見・内田・三浦1992）。また、一九九三年の皇太子婚約報道および成婚報道に関しては、当時から明確にメディア・イベントとしての社会的意味が検討されていた（川上1994）。

吉見が強調しているように、①〜③の三層は本来、「別々の研究領域として分離してしまうのではなく、互いに密接に結びついた全体的な過程として把握すること」が重要だが、日本において歴史研究に傾斜しているという事実は、「欧米における文化の階級社会的な構成と、日本における文化の大衆社会的な構成の違いが、メディアとイベントの関係に異なる仕方で作用した」帰結と考えられる（吉見 1996: 26–27）。吉見は当時、ダヤーンらの分析を「現時点でのメディア・イベントの形式的特性を素描することに終始しており、それぞれのイベントのリアリティ構成や歴史的形成を明らかにしようとはしていない」と批判し、「こうした経験主義的で非歴史的な研究を超えて、より批判理論的かつ歴史的なメディア・イベント研究に向かっていく必要がある」と述べていた（吉見 1993: 24）。しかし裏を返せば、歴史的な視点にもとづく社会的構成の違いはたしかに重要だが、国際化と情報化にともなうメディア・イベントの今日的変容を同時代的に分析しようとする研究が――二〇〇二年の日韓共催W杯に関する考察(12)を最後に――停滞していることも否定できない。

(2)　動員／抵抗の二項対立を越えて

つまり日本では、新聞社や放送局が主導するメディア・イベントが、読者や視聴者に働きかけて大衆動員を実現する手法、あるいはナショナリズムを高揚する手段として採用されたと結論づける歴史研究は枚挙にいとまがない。メディア・イベントは、人びとに強烈な共有体験をもたらし、「われわれ」としての集合的記憶を強化するとともに、他者との境界を確認させる作用も繰り返し指摘されてきた。①の意味だけでなく、②や③の意味でのメディア・イベントに関しても、同様の視点から解釈されることが多い。

逆に、こうした権力的作用に対して、受け手による抵抗の契機を積極的に見出そうとする視点もある。たとえば、すでに述べた皇室報道の視聴行動に関しては、読みの多様性に焦点をあてた研究が散見される。吉見は、一九五九年の皇太子成婚イベントについて、社会学者の髙橋徹らが当時おこなった調査（髙橋・藤竹・岡田・由布 1959）などを手がかりに、その送り手と受け手の両面から検証している。その結果、全国一斉的な報道にもかかわらず、実際の受容のされ方は差異を含んでおり、決して一枚岩ではなかったことを裏付けている（吉見 2002）。また社会心理学者の川上善郎は、一九九三年の皇太子結婚報道に関して、大学生を対象とする調査にもとづいて、このメディア・イベントに積極的に関わったのは主として女性であり、「奉祝一色」の視聴者と「メディア批判」の醒めた視聴者に二極化していたことを明らかにしている（川上 1994）。

それでも、イギリスのテレビ研究における「能動的な視聴者（active audience）」論などが強調してきたように、受け手の主体性や能動性の度合いを実証的に考察することで、メディア・イベントの重層的な構成を明らかにするような議論は、これまでごく一部に限られていたと言わざるをえない。ダヤーンとカッツは著書の冒頭、「私たちは、ダニエル・ブーアスティンよりも、ジオルゲ〔原文ママ〕・モッセに、より多くの注意を払っている」（Dayan and Katz 1992＝1996: 8）と述べている。モッセ（Mosse, G.）によれば、ナチ政権は、ベルサイユ条約下の経済的困窮のみを根拠に出現したのではなく、一九世紀以前からドイツ地域に存在した諸々の文化運動にこそ、その芽があったという。ドイツ体操運動（Turnen）をはじめとして、男子合唱団、射撃協会、モダン・ダンサーたちが大衆運動の担い手となり、国民的記念碑に代表される祝祭空間において、政治的祭祀を実行していったというのである。国家的な儀礼秩序のなかに運動する身体が動員され、大衆の国民化が遂行していく

(Mosse 1975＝1996)。日本において、モッセに直接言及しているメディア・イベント研究はきわめて少ないにもかかわらず、多くの事例分析が図らずも、その歴史観を反復しているかのようである。

しかし吉見は、モッセの議論がスポーツとナショナリズムの関係を儀礼論的な視角から捉え返していく可能性を示しながらも、あくまで体操運動家や政策決定者の演出の側の分析にとどまっている点を批判している。そうした演出をはたして大衆が完璧に受け止め、国民化されえたのだろうか。儀礼秩序にもとづく国民化の過程を、より重層的で矛盾をはらんだものとして捉えるための視座として、吉見はヴィクトリア・デ・グラツィア（de Grazia, V.）の「柔らかいファシズム」論を挙げている（吉見 1999）。

このような対抗的視座は九〇年代以降、日本においても次第に共有されるようになっていく。たとえば、戦時期の日本思想を対象とする研究領域においては八〇年代まで、文化人が翼賛体制に積極的にのめりこんでいった事実を処断する視点が優勢であった。歴史学者の赤澤史朗や北河賢三らは、こうした視点に立つ研究が、戦時下の文化の「不毛」性を自明の前提としていることを批判したうえで、戦前から戦中の時期が単なる「暗い谷間」の時代だったのではなく、さまざまな領域で文化創造の営みがあり、一定の成熟がみられたことに注目している。日中戦争以降の時代が、あたかも灰色一色で覆われた「暗い谷間」のように見えて、しかし文化創造の「ジャンルや抵抗の形態によっては、「国策協力」のタテマエの下で、ある種の抵抗をおこなうことが可能な時期もあれば、もはやその形態での抵抗は不可能となる時期もあった」（赤澤・北河 1993: 7）。こうした視点を踏まえて、戦時期のイベントと大衆動員との関係に着目する有山輝雄は、国家統制と自主性擁護の対抗軸のみならず、その相乗的増幅という基軸を提示している（津金澤・有山編著 1998: ix）。

それでも、大衆動員という権力的作用を主題化したうえで、受け手の主体性や能動性の度合いをいかに精緻に読み解いても、結局は動員／抵抗という二項対立に回収されてしまうのではないか。はたしてメディア・イベントの社会的機能の豊穣さ、とくに参加者の雑種性や複数性、あるいは流動性を、この一元的な尺度だけで測ることができるだろうか。

文化人類学者の青木保は『儀礼の象徴性』のなかで、絶対的平等の傾向が強く見出される「儀礼の解放」と、絶対的服従の傾向が強く見出される「儀礼の拘束」という対比を用いて、その択一性ではなく両義的な性格を強調している（青木 1984→2006）。青木の構図を踏まえれば、メディア・イベント研究では従来、もっぱら後者の観点ばかりが強調されてきたといえよう。

「たとえ、政治的セレモニーが社会を自己崇拝へと誘うことに注意せよ、とモッセが警告しているにしても」と前置きしたうえで、ダヤーンとカッツがメディア・イベントに対して、①ポストモダン状況における有機的結束の基盤となる、②社会を映し出す機能を持つ、③統一性だけでなく多元主義を賞揚するといった理由から、「無批判的ではないが、暗に擁護する立場」を示していることは看過できない（Dayan and Katz 1992＝1996: 9–10）。この微妙な立ち位置の含意を、われわれはいま一度、注意深く検討する必要があるのではないだろうか。

というのも、ほかならぬカッツこそ、ポール・ラザースフェルド（Lazarsfeld, P.）とともに五〇年代、いわゆる「コミュニケーションの二段階の流れ」仮説を実証するために水平的な相互人格影響（＝パーソナル・インフルエンス）に着目した人物であることに留意しておきたい（Katz and Lazarsfeld 1955＝1965）。これが新聞やラジオの受容過程を踏まえた、いわゆる限定効果論であったのに対して、メディア・イベント概念は、テレビの影響力に裏打ちされた強力効果論の復活と捉えられる。社会学者の山中速人は、カッツがメディア・イベント研究に取り組んだ背景には、歳をとってからイスラエルに移住するほど、彼が熱心なシオニストであることから、壮大な国家行事などに惹かれる部分があったのではないかと推測している（山中 2016: 85-86）。

4　スクリーンに媒介された集団の雑種性、複数性をどうやって捉えるか

イギリスのテレビ研究においては、受像機が置かれた空間を微細に描くために、リビングにおける「オーディエンス・エスノグラフィ」が洗練されてきた。それに対して、アメリカのアンナ・マッカーシー（McCarthy, A.）は、家庭外の公的な場所に設置された受像機を取りまく視聴空間を丹念に記述している（McCarthy 2001）。こうしたエスノグラフィックな調査手法はこれまで、メディア・イベント研究の系譜と充分に接ぎ木されていない。

ただし、光岡寿郎が指摘するように、テレビの「場所固有性（site-specificity）」を描いたマッカーシーは、視聴空間における家庭の優越性を解除し、公的空間を分析の射程に収めることには成功

したが、視聴者の身体はまだ、受像機の前に置き去りにされたままであった（光岡 2019）。本章の冒頭でも述べたとおり、今日のメディア・イベント研究においても、インターネットの普及にともなう複合的な情報環境の特性――モバイルメディアやＳＮＳに媒介された視聴者の情報行動など――を踏まえた分析が不可欠である。

そもそも、ＳＮＳが普及した現代社会においては、さまざまな規模のオンラインコミュニティが生成と消滅を繰り返し、無数の出来事＝イベントが日々、島宇宙的に媒介されている。そして実空間に目を向けると、「拡張現実の時代」（宇野 2011→2015）、「現実空間の多孔化」（鈴木 2013）、「セカンドオフライン」（富田編 2016）といった概念とともに指摘されてきた、無数の出来事＝イベントが遍在している。二〇一〇年代の日本におけるハロウィンの隆盛も、見知らぬ者同士で声を掛け合って撮影をし、ネットで公開することが主目的のひとつであり、マスメディアとの相互作用によって、さらに浸透したといえる[13]。

社会学者の田中大介は、モバイルメディアによって人びとの個体性や移動性が増したとしても、人びとはいま・ここに集まることをやめず、大都市の複雑性がますます高まっていることを指摘している。「現代社会における都市空間は、高度化した情報空間と重なりながら、それらとも異なる身体性や物質性として現れるモノの手触りとして経験されているのではないか」。いつでも・どこでもコミュニケーションが可能になるネットワーク社会において、都市は「ネットワーク化された身体」なのである（田中編著 2017）。

ファンマイレにおいて、若者たちは肩を組んで歌い、ステージ上のMCにあわせて一緒に踊る。彼らがともに歌い、踊ることができるのも、サッカーファンであるかどうかにかかわらず、連日ラジオから流れる歌を聴き、ネットで振り付けを予習していたからである。(14) メディア・イベントが受容されるのは、据え付けられた受像機を取りまく日常的な視聴空間とは限らない。「いつもそこにある」（＝都市に常設されたスクリーンの遍在性）あるいは「いつも持っている」（＝人びとが携帯する端末の常時接続性）という恒常性に支えられた視聴空間でさえないかもしれない。パブリック・ビューイングなどは、家庭内視聴の恒常性とは対照的に、仮設されたスクリーンに媒介され、ごく限られた時間のみ、その場限りの出来事として受容されることがある。それは常設のスタジアムで試合を観戦できなかったサッカーファンたちが、仕方なく参加するものであるかのように誤解されるかもしれない。しかし、それは熱心なファンのためだけの催しではなく、逆に趣味集団の境界を曖昧化させる出来事として、より多くの人びとに経験される。

このような傾向は、日本で九〇年代後半以降、夏の風物詩として定着したロック・フェスティバルとも通底している。それ以前のコンサートやライブとは異なり、フェスの来場者は経験を積むほど、必ずしもステージ上の音楽には執着しなくなり、現在では幅広い世代の人びとが、思い思いに会場の雰囲気を楽しむようになった。音楽社会学者の永井純一はフェスを、ジグムント・バウマン（Bauman, Z.）のいう「カーニヴァル」――持続的な共同体への帰属意識を確認するものではなく、個人化社会における一時的な共通関心としての祝祭――として捉える。多数のフェス参加者に対する聞き取り調査を踏まえて、永井は次のように指摘する。「そこでは時間と空間が共有されているのだが、出来事（ライブ）は必ずしも共有されない。そこでは個人個人がそれぞれのやり方で楽しみ、異なる体験をしながらも、全体としてひとつのフェスを共有している」（永井 2016: 57-58）。都市に遍在するスクリーンから、手のひらのうえのスマートフォンまで、さまざまなデジタルメディアに囲まれた生活が常態化するなかで、テレビの生中継に媒介されたメディア・イベントの価値は（W杯という例外をのぞくと）一貫して低下している。「ライブ」はテレビではなく、現場で体験されるものになりつつある。

社会学者の岩見和彦もまた、こうした「選択的なイベント化社会」の特性を、近代社会の個人化原則が徹底しているという前提のもと、時として熱狂的な集団的振る舞いを現出するように見えても、自分本位の私的文脈に合致するものだけが呼び込まれる流動的な振る舞いであり、ある明確な集団思考性を持つわけではないと指摘する（岩見 2005）。

したがって、特定の音楽趣味を共有した集団としてフェスの参加者を分析することが不可能であるように、パブリック・ビューイングの参加者に対しても、それが特定の指向性を持った集団――熱狂的なサッカーファンもしくは感情的な愛国主義者――であることを自明の前提とした分析には限界がある。インターネットに媒介された集団視聴に関しても、その規模が大きくなるにつれて、あらかじめ特定の趣味が共有されているとは言いがたくなってくる。立石祥子は、日本とドイツにおいて、パブリック・ビューイングに参加した経験を持つ人びとに対して、半構造化インタビューを積み重ねているが、スクリーンに媒介された集団の雑種性や複数性こそを記述するために、「グラウンデッド・セオリー・アプローチ（GTA）」を用いた分析を試みている（立石 2015）。その結果、日本とドイツには第二次世界大戦後、ナショナル・アイデンティティの表明に対する抵抗感が社会的に共有されてきたという大きな共通点がありながら、参加者のアイデンティティ形成の仕方に有意な差異があることが明らかになっている（立石 2017）。

さらに、インターネットに媒介されたイベントの研究に目を向ければ、マス・コミュニケーションを前提としたメディア・イベント研究とは異なるアプローチもある。たとえば伊藤昌亮は、「フラッシュモブ」と呼ばれる集合行動における群衆の多面的・多層的なあり方を分析するにあたって、「集合的沸騰」をめぐるエミール・デュルケム（Durkheim, E.）の議論などを踏まえ、文化人類学者のヴィクター・ターナー（Turner, V.）や青木保などの儀礼的パフォーマンス論を参照している。伊藤は、フラッシュモブが新たな市民運動とテロリズムの両極に連なっており、社会秩序に対して創造的に沸騰することもあれば、逆に破滅的に作用する危うさも兼ね備えていることを、参与観察も含めて実証的に考察している（伊藤 2011）。伊藤はその一方、カッツらのメディア・イベント概念がターナーの儀礼論に依拠している点と、巨大電子掲示板群2ちゃんねるに媒介される利用者のパフォーマンスもまた、ターナーの議論にそくしてその構造と意味を把握できる事例が存在している点を梃子に、ネット文化にメディア・イベント概念を拡張した議論も展開している（伊藤 2006）。

このように、アーカイブが体系的に残されない短命な文化現象に関しては――とりわけ、おぼろげな出来事を体験した人びとの、曖昧な現実を読み取っていくために——質的調査の方法論が多方面で模索されている。

5 カッツからタルドへの遡行

パーソナル・インフルエンスに着目し、後年にメディア・イベント研究に取り組んだカッツは、ガブリエル・タルド（Tarde, G.）をマス・コミュニケーション研究の始祖として高く評価していた。タルドは、一九〇一年に著した『世論と群集』のなかで、新聞を読むという行為から生まれた新しい非組織的集合体として、「公衆」という概念を見出した。互いに知らない多くの読者の頭のなかに、情報や思想が複製され、似たような信念や感情が共有されるようになると、「世論」という大きなまとまりが形成されていく（Tarde 1901 = 1964）。社会学という学問が制度化されていく時代を生きたタルドは、社会が精神間および身体間の諸作用の集積であると捉え、さらに郵便、電信や電話、印刷技術などのように、精神間の作用を空間的かつ時間的に拡張させるネットワークに目を向けていた。

伊藤守によれば、われわれはたいてい、「コミュニケーション」という現象をイメージするとき、暗黙に二項間の相互作用ないし相互行為を主題化するか、マスメディアを介した「送り手」と「受け手」というふたつの項の関係を問題にしがちである。しかしタルドは、新聞と読者との垂直的な関係を主題的に取り上げるだけでなく、都市空間という――私的領域とも公的領域ともいえない――曖昧な境界領域において、新聞が伝える情報が読者どうしの会話や口論を通じて波及していく水平的な関係にも着目した（伊藤 2013）。「送り手」と「受け手」が未分化で、「オーディエンス」や「コミュニケーション」という概念が充分に確立されていない当時の状況は、たとえばスクリーンに媒介された数々の出来事《イベント》によって、これらの自明性が再び揺らいでいる現代社会の相貌に通じている。

謝辞

本章は、飯田豊・立石祥子（2015）「複合メディア環境における「メディア・イベント」概念の射程――〈仮設文化〉の人類学に向けて」（『立命館産業社会論集』五一巻一号に所収）の一部を大幅に改訂したものである。

本章は、財団法人電気通信普及財団「パブリック・ビューイングの日独比較研究――複合メディア環境における「メディア・イベント」に関する理論構築に向けて」（研究代表者：立石祥子）と、ＪＳＰＳ科研費（JP16K17248／研究代表者：飯田豊）の助成を受けた研究成果の一部である。

注

（1）『日経ＭＪ（流通新聞）』二〇一三年一二月一八日号「映画館でコンサート！ライブビューイング拡大、ＬＶＪ、市場けん引、音響良く半額程度、年間動員一〇〇万人目標。」

（2）『季刊カラオケエンターテインメント』九六号、二〇一五年、三三頁。

（3）二〇一三年四月に開催された「ニコニコ超会議２」において、自衛隊ブースを訪れた安倍晋三首相が迷彩服を着て、展示されていた最新型「一〇式戦車」の砲手席に立ったことは、国内外で大きく報じられた。

（4）たとえばイギリスのフィナンシャル・タイムズ紙は、「首相は国家主義的な傾向を隠さなかった」ときびしく論評している。http://www.ft.com/intl/cms/s/0/b65cb4aa-afe5-11e2-acf9-00144feabdc0.html（二〇一九年一〇月二九日アクセス）

（5）古谷（2015）は、二〇〇二年のＷ杯における躁的雰囲気と、後年にネットで前景化する右傾化傾向には、まったく関係がないことを指摘している。

（6）二〇一二年のロンドンオリンピック以降、一部の競技をストリーミング放送によって視聴することが可能になった。スポーツ中継は現在、リアルタイム視聴が重要性を持つ数少ない事例である（西山 2015）。

（7）二〇〇〇年に刊行された『現代のエスプリ』四〇〇号「特集：劇場型社会」などを参照。

（8）メディア・イベント概念の範疇については、巫（2009）が詳細に検討している。

（9）一連の事業活動は日本特有のかたちで展開され、こうした問題関心の萌芽は七〇年代までさかのぼることができるという（津金澤編著 1996: iii–v）。

（10）黒田（1999）、高井・古賀（2008）、高井（2015）などを参照。

（11）たとえば、河原（2001）は、こうしたメディア・イベント概念を補助線に、日本の美術展覧会システムの形成過程を詳細に考察している。

（12）二〇一五年に刊行された『マス・コミュニケーション研究』八六号「特集：「東京オリンピックの80年史」とメディア――３・11以降の現代を逆照射する」などを参照。

（13）二〇〇三年に刊行された『マス・コミュニケーション研究』六二号「特集：メディアイベントとしてのスポーツ」、浜田（2016）、浜田（2018）、石坂・松林編著（2018）などを参照。

（14）ハロウィンに関する社会学的考察として、松谷（2016）が参考になる。

（15）かつて音楽社会学者の小川博司は、ポピュラー音楽のコンサートにおける支配的な規範が「ノリ」であると指摘し、そのためにはＣＤなどの音源、あるいはラジオやテレビなどのマスメディアを通じた「予習」の必要性を強調していた（小川 1988）。ファンマイレは、パブリック・ビューイングであると同時に、参加型の音楽イベントでもある。

参考文献

赤澤史朗・北河賢三編（1993）『文化とファシズム――戦時期日本における文化の光芒』日本経済評論社
青木保（1984→2006）『儀礼の象徴性』岩波現代文庫
筑紫哲也（1980）「80年代米大統領への道――メディア・イベントの虚と実」『潮』二五四号
古谷経衡（2015）『ネット右翼の終わり――ヘイトスピーチはなぜ無くならないのか』晶文社
浜田幸絵（2016）『日本におけるメディア・オリンピックの誕生――ロサンゼルス・ベルリン・東京』ミネルヴァ書房
浜田幸絵（2018）『〈東京オリンピック〉の誕生――一九四〇年から二〇二〇年へ』吉川弘文館
早川善治郎（1988）「テレビ報道の軌跡――イベント・メディアへの転身の経緯を中心に」田野崎昭夫・広瀬英彦・林茂樹編『現代社会とコミュニケーションの理論』勁草書房
石坂友司・松林秀樹編著（2018）『一九六四年東京オリンピックは何を生んだのか』青弓社
伊藤守（2013）『情動の権力――メディアと共振する身体』せりか書房
伊藤昌亮（2006）「オンラインメディアイベントとマスメディア――2ちゃんねる・24時間マラソン監視オフの内容分析から」『社会情報学研究』一〇巻二号
伊藤昌亮（2011）『フラッシュモブズ――儀礼と運動の交わるところ』NTT出版
岩見和彦（2005）「イベント化社会における「つながり」のディレンマ」『青少年問題』二〇〇五年一〇月号
河原啓子（2001）『芸術受容の近代的パラダイム――日本における見る欲望と価値観の形成』美術出版社
川上善郎（1994）「メディア・イベントの視聴構造――「結婚の儀報道」をめぐって」『生活科学研究』一六巻
香山リカ（2002）『ぷちナショナリズム症候群――若者たちのニッポン主義』中公新書ラクレ
黒田勇（1999）『ラジオ体操の誕生』青弓社ライブラリー
松谷創一郎（2016）「都市のハロウィンを生み出した日本社会――需要される偶有的なコミュニケーション」吉光正絵・池田太臣・西原麻里編著『ポスト〈カワイイ〉の文化社会学――女子たちの「新たな楽しみ」を探

る』ミネルヴァ書房
光岡寿郎（2019）「メディア研究におけるスクリーンの位相――空間、物質性、移動」光岡寿郎・大久保遼編『スクリーン・スタディーズ――デジタル時代の映像／メディア経験』東京大学出版会
永井純一（2016）『ロックフェスの社会学――個人化社会における祝祭をめぐって』ミネルヴァ書房
西山哲郎（2015）「範例的メディアイベントとしての２０２０東京オリンピック・パラリンピック大会の行方について」『マス・コミュニケーション研究』八六号
小川博司（1988）『音楽する社会』勁草書房
鈴木謙介（2013）『ウェブ社会のゆくえ――〈多孔化〉した現実のなかで』ＮＨＫブックス
高橋徹・藤竹暁・岡田直之・由布祥子（1959）「テレビと〈孤独な群衆〉――皇太子ご結婚報道についての東大・新聞研究所調査報告」『ＣＢＣレポート――放送と宣伝』一九五九年六月号
高井昌吏（2015）「ママさんバレーというメディアイベント――「主婦の青春」と地域スポーツから考える一九七〇年代」岩見和彦編著『続・青春の変貌』関西大学出版局
高井昌吏・古賀篤（2008）『健康優良児とその時代――健康というメディア・イベント』青弓社ライブラリー
竹下俊郎（1989）「メディア・イベントとしての天皇報道――大学生調査の結果から（現代語・現代文化学系研究会４月例会）」『言語文化論集』三〇号
田中大介編著（2017）『ネットワーク・シティ――現代インフラの社会学』北樹出版
谷島貫太（2016）「ベルナール・スティグレールの「心権力」の概念――産業的資源としての「意識」をめぐる諸問題について」松本健太郎編『理論で読むメディア文化――「今」を理解するためのリテラシー』新曜社
立石祥子（2015）「質的データ分析のビジュアル・デザイン――グラウンデッド・セオリー・アプローチにおける分析プロセス再考」『情報文化学会誌』二二巻一号
立石祥子（2017）「パブリック・ビューイング――メディア・イベントの再イベント化」飯田豊・立石祥子編著『現代メディア・イベント論――パブリック・ビューイングからゲーム実況まで』勁草書房
富田英典編（2016）『ポスト・モバイル社会――セカンドオフラインの時代へ』世界思想社

津金澤聰廣編著（1996）『近代日本のメディア・イベント』同文館
津金澤聰廣・有山輝雄編著（1998）『戦時期日本のメディア・イベント』世界思想社
津金澤聰廣編著（2002）『戦後日本のメディア・イベント――1945‐1960年』世界思想社
宇野常寛（2011→2015）『リトル・ピープルの時代』幻冬舎文庫
巫坤達（2009）「メディア・イベント論の再構築」『応用社会学研究』五一号
山中速人（2016）『娘と話す メディアってなに？ 改訂新版』現代企画室
吉田光邦（1985）『改訂版 万国博覧会――技術文明史的に』NHKブックス
吉田光邦編（1986）『万国博覧会の研究』思文閣出版
吉見俊哉（1990）「大正期におけるメディア・イベントの形成と中産階級のユートピアとしての郊外」『東京大学新聞研究所紀要』四一号
吉見俊哉（1992→2010）『博覧会の政治学――まなざしの近代』講談社学術文庫
吉見俊哉（1993）「メディアのなかの祝祭――メディア・イベント研究のために」『情況』一九九三年七月号
吉見俊哉（1996）「メディア・イベント概念の諸相」津金澤聰廣編著『近代日本のメディア・イベント』同文館
吉見俊哉（1999）「ナショナリズムとスポーツ」井上俊・亀山佳明編『スポーツ文化を学ぶ人のために』世界思想社
吉見俊哉（2002）「メディア・イベントとしての「御成婚」」津金澤聰廣編著『戦後日本のメディア・イベント――1945‐1960年』世界思想社
吉見俊哉・内田八州成・三浦伸也（1992）「〈天皇の死〉と記帳する人びと」栗原彬・杉山光信・吉見俊哉編『記録・天皇の死』筑摩書房
Couldry, N., Hepp, A. and Krotz, F.（eds.）（2009）*Media Events in a Global Age*, Routledge.
Crary, J.（2013）*24/7: Late Capitalism and the Ends of Sleep*, Verso.＝（2015）岡田温司監訳・石谷治寛訳『24/7――眠らない社会』NTT出版

Dayan, D. and Katz, E.（1992）*Media Events: The Live Broadcasting of History*, Harvard University Press.＝（1996）浅見克彦訳『メディア・イベント――歴史をつくるメディア・セレモニー』青弓社

de Grazia, V.（1981）*The Culture of Consent: Mass Organization of Leisure in Fascist Italy*, Cambridge University Press.＝（1989）豊下楢彦・高橋進・後房雄・森川貞雄訳『柔らかいファシズム――イタリア・ファシズムと余暇の組織化』有斐閣選書

Hobsbawm, E. and Ranger, T.（eds.）（1983）*The Invention of Tradition*, Cambridge University Press.＝（1992）前川啓治・梶原景昭ほか訳『創られた伝統』紀伊國屋書店

Katz, E. and Lazarsfeld, P.（1955）*Personal Influence: The Part Played by People in the Flow of Mass Communications*, The Free Press.＝（1965）竹内郁郎訳『パーソナル・インフルエンス』培風館

McCarthy, A.（2001）*Ambient Television: Visual Culture and Public Space*, Duke University Press.

Mitu, B. and Poulakidakos, S.（eds.）（2016）*Media Events: A Critical Contemporary Approach*, Palgrave Macmillan.

Mosse, G.（1975）*The Nationalization of the Masses: Political Symbolism and Mass Movements in Germany, from the Napoleonic Wars Through the Third Reich*, Howard Fertig.＝（1996）佐藤卓己・佐藤八寿子訳『大衆の国民化――ナチズムに至る政治シンボルと大衆文化』柏書房

Stiegler, B.（2001）*La Technique et le Temps: Tome 3. Le Temps du Cinéma et la Question du Mal-être*.＝（2013）石田英敬監修、西兼志訳『技術と時間3――映画の時間と「難―存在」の問題』法政大学出版局

Tarde, G.（1901）*L'opinion et la foule*, Félix Alcan.＝（1964）稲葉三千男訳『世論と群集』未来社

IV

パブリック・アクセス論の地層

第10章　ＤＩＹとしての自主放送
――初期ＣＡＴＶの考古学

１　趣味文化としてのＣＡＴＶ

右の女性　はい、今日のオープニングナンバーは「十年ロマンス」、ジュリーの歌ですね。
左の女性　そうですね、がんばりましょう。
右の女性　はい、これのＢ面は「生きていることは素敵さ」だとさ。
左の女性　それではちょっと聴いてみましょうかね。
……

かつて岡山県津山市に存在していたケーブルテレビ（以下、ＣＡＴＶ）局「津山放送株式会社」

が、一九七七年から放送していた看板番組『青空ジョッキー』。一九八二年のある日、若い女性ＤＪふたりのこのような会話から放送が始まった。現存している数少ない映像[1]によれば、ふたりの背後にはブラウン管やビデオデッキが並んでいて、調整室の役割を果たしていることが分かる。かなり手狭なスタジオのようだ。

『青空ジョッキー』はその名のとおり、ラジオ番組の形式を踏襲していた。番組タイトルと提供クレジットのあと、「制作★世界一ちっちゃいテレビ局 津山放送」、「市民参加の番組づくり…４ｃｈはＤｏ　Ｉｔ　Ｙｏｕｒｓｅｌｆ　わたしのテレビ」、「たのしい青空ジョッキー　ＤＪ募集中　素人アマチュア大歓迎」と続く（図10－1）。「素人」や「アマチュア」の出演を歓迎するＣＡＴＶ局は少なくないが、ＤＩＹを謳ってこのような自主放送を連日おこなっていた事例は珍しい。

一九五〇年代なかば以降、全国各地に相次いで登場したＣＡＴＶは、当初、山間部などでテレビの難視聴を解消するための共同視聴設備として、主に任意団体によって自主的に運営されていた（＝第一世代）。その技術指導に当たっていたのは、各地のアマチュア無線家、あるいは電器店の主人であり、もっぱら男性であった。六〇年代なかばになると、町の人たちの無償奉仕によって自主制作番組を放送する団体が現れる。そこには女性の積極的な参加も見られた。ＣＡＴＶの自主放送は当初、趣味文化としての色合いを多分に含んでいたのである。

ところが一九六八年、東京・新宿歌舞伎町において、営利法人が初めてＣＡＴＶの開局に名乗りをあげたことから、その運営主体をめぐる論争が巻き起こり、郵政省による法整備が後追いで進め

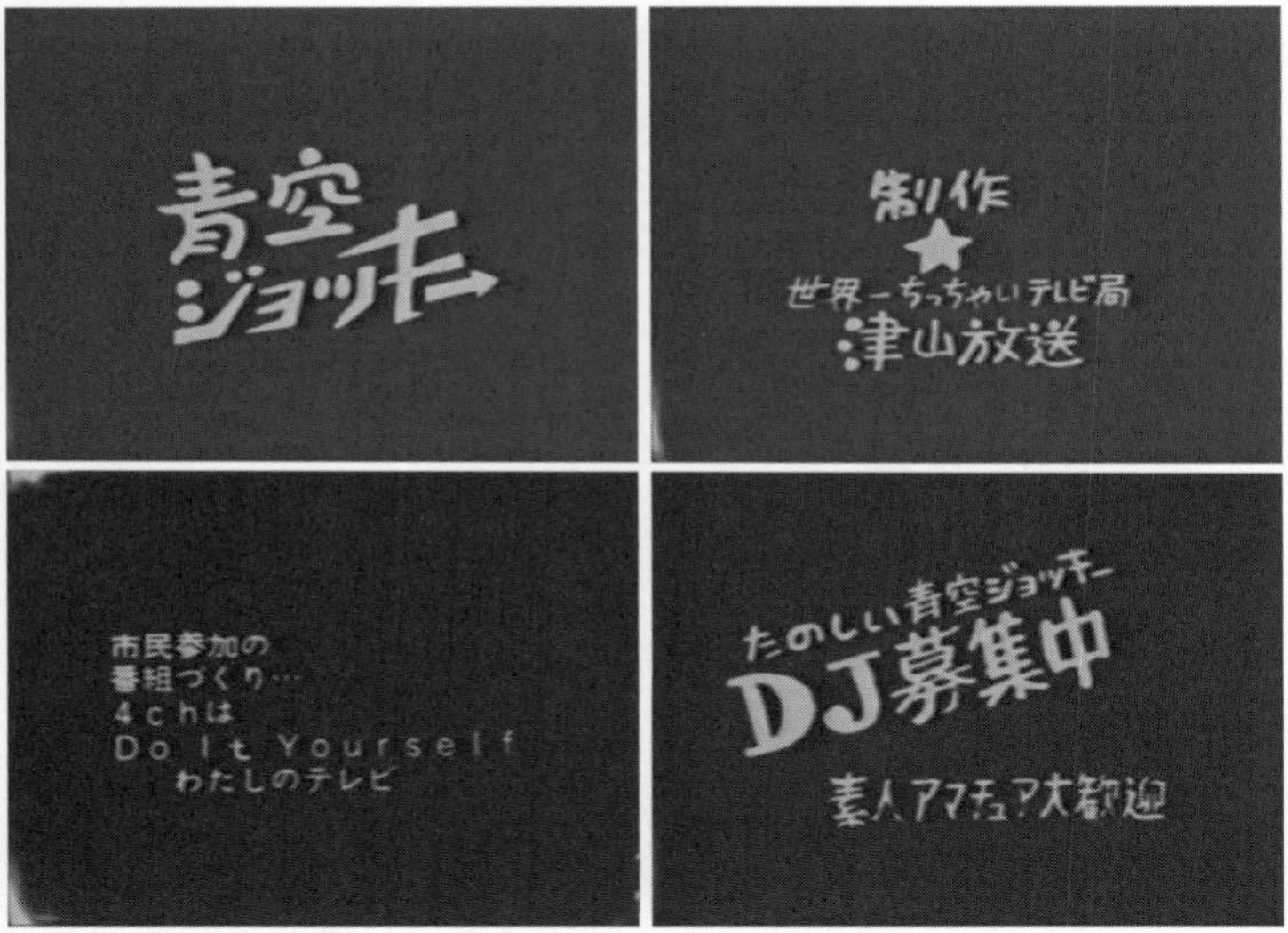

図10-1　『青空ジョッキー』のオープニングテロップ
映像提供：Aske Dam 氏

られる。その結果、一九七二年に「有線テレビジョン放送法」が成立し、翌年から郵政大臣による施設の認可設置が始まった。そして七〇年代を通じて、全国各地で自主放送をおこなうCATV局が散見されるようになる（＝第二世代）。津山放送もこの世代に当たる。

CATVはその後、事業者の整理統合が進行し、利潤追求のための産業としての色彩を強めていった。八〇年代には、電鉄、建設、流通などの異業種企業が都市型CATVに次々と参入し、衛星放送などを含めた多チャンネル体制を整備（＝第三世代）。九〇年代にはインターネット接続サービスに乗り出し、事業の広域展開や大資本のもとでの経営統合も可能になった。装置産業であるCATVに対して、国が積極的に政策金融、税制優遇などの財政的支援をおこない、地域の情報基盤として育成してきたのである（＝第四世代）。

こうしてCATVの産業的様態が確立していくなかで、かつて自主放送と呼ばれていた営みは、「住民参加番組」として部分的に継承されていくことになる。とくに一九九二年一一月、鳥取県米子市の「中海テレビ放送」で開始された「パブリック・アクセス・チャンネル」の成功が呼び水となり、各地のCATV局で相次いで、住民が制作した番組を放送する動きが散見されるようになっていった（一九九二年はコミュニティFMが制度化された年でもある）。

その反面、いわゆる「ニューメディア」の目玉として都市型CATVに注目が集まった八〇年代以降、六〇～七〇年代に全国各地で始まった自主放送については、「未熟な番組」あるいは「幼稚な番組」に過ぎず、CATVの事業経営に大きな貢献を果たしているとはいえないという、否定的な評価が目立つようになる。

しかし、本当にそれだけだろうか。CATVの自主放送はこれまで、「コミュニティメディア」「地域メディア」「パブリック・アクセス」といった理念にもとづいて、その社会的意義が論じられる傾向が強かった。それに対して本章では、これまで等閑視されてきた趣味文化としての側面を掘り下げる。ジェンダーの観点を補助線としながら、今では社会的に忘却されてしまったCATVの可能態について考察したい。

2　自作趣味×婦人会活動——郡上八幡テレビ

(1)　自主放送の起源

日本におけるCATVの起源は、一九五五年（昭和三〇）六月一〇日、群馬県伊香保温泉に完成したテレビ共同聴視施設を指すのが定説となっている。山間地域における難視聴対策として、NHKと伊香保温泉観光協会による共同受信実験として始まり、実験終了後、「伊香保テレビ共同聴視組合」に施設が払い下げられた。このほか、伊豆長岡、白浜、有馬などの温泉地でも、旅館を対象とした共同聴視施設がつくられた。

一九六〇年から一九六三年までのあいだにNHKが助成した施設の数は累計三〇七四施設、受信世帯数は二五万六四七一世帯にのぼった。さらに東京オリンピックが開催された一九六四年には、NHKは九七九施設に対する助成をおこなったという（安井 1965: 76）。

そして一九六三年九月、岐阜県郡上八幡町の任意組合「テレビ共同聴取施設組合」が日本で初めて、地域の人びとによる自主制作番組の放送を開始する。毎日のニュースについては、『中部日本新聞（現・中日新聞）』郡上八幡通信局の駐在記者が担当し、町議選や衆院選の開票速報も放送した。番組はすべて生放送で、電話を活用した双方向の番組もつくられた。

スタッフは町の有志二〇名余り。［…］地元劇団「ともしび」のメンバー一五名と学校の先生四名が中心となり、［…］全員を月曜から金曜までの五つの班に分け、各班が競うように、町の著名人へのインタビューや中学校のクラブ活動紹介、電話クイズなどの企画を立て、カメラや司会を分担した。（日本ケーブルテレビ連盟25周年記念誌編集委員会編 2005: 20）

当時の人口が町全体で約二万（市街地で約一万）だったのに対して、当初の組合員は約二〇〇〇世帯。最盛期の一九六四年には約二六〇〇世帯まで増加した。ところが一九六五年の秋以降、自主制作番組はほとんど放送されなくなり、翌年には組合自体が解散する。東京オリンピックに先立って、中継局の設置によって難視聴が解消されたことで、組合の存在意義が失われたためである。それに加えて、自主放送に関しては、個人的な資金提供、ボランティアによる相互扶助的な労力奉仕に無理が出てきたのだった。

(2) 好事家の自作趣味として

この「郡上八幡テレビ（GHK‐TV）」が活動した三年間については、山田晴通や平塚千尋が丹念な調査をおこなっている。組合長の菅野一郎は岩手県出身。生来の「発明好き」で、戦後混乱期に東京で謄写版印刷業を始めると、新しい印刷方法の発明に成功。これに着目した印刷業者からの誘いに応じて、一九五二（昭和二七）年から八幡町に移住している。また、学生時代からの趣味のひとつが一六ミリ映画の撮影で、CATVの開局以前から、八幡町の学校行事、祭礼や式典などの記録映画を、各方面からの求めに応じて制作していたという。さらに劇団「ともしび」では照明を手がけていた。郡上八幡テレビでは台風災害時などに、菅野の撮影した映像をニュースに用いることもあった（山田 1988）。実は菅野は一九三九（昭和一四）年頃、愛宕山の日本放送協会で働いた経験もあるという（平塚 1993: 142）。

開局当時の菅野は、八幡小PTA会長、中央公民館長、商工会副会長、社会教育委員などを務めていた。そんな菅野とともに、教員の吉田良民、公民館主事で劇団「ともしび」主宰の千葉稔などが、ほとんど手弁当で自主放送に取り組んでいた。菅野の肩書き、そして仲間の職業から推察できるとおり、自主放送の運営にあたっては、社会教育に対する意欲が強かった。山田によれば、「当時の郡上八幡における菅野の姿は、よそ者ではあるが地域名望家、事業者ではあるが発明と社会活動に熱心な好事家」であり、「敢えて極論すれば、郡上八幡テレビは菅野の個人的才覚や熱意に支えられたワンマン・ビジネスであった」（山田 1988: 45-46）。

映像や音声の送信機、カメラなどの放送機器については、電気機器メーカーに頼らず、アマチュア無線家の協力を得て菅野が自作した。馬小屋を改造した五〇平方メートルほどのスタジオ、上部に三インチのモニターを取り付けた工業用監視カメラ、大きなブリキ缶をくりぬいて電球を取り付けた照明器具などがつくられた。番組にはテロップが表示され、スポンサー付きのコマーシャルが入ることもあったという。当時は非常に高価だったビデオ機材は所有していないため、原則として生放送だったが、中部日本新聞社から開局祝いとして一六ミリ映写機が贈られたことで、フィルムによる映像を用いることができた。スタジオのスクリーンに投影し、それをテレビカメラで撮ったのである。

趣味的な自作文化として始まった郡上八幡テレビについて、山田は次のように総括している。

自主放送は経営戦略などとは無関係に、好事家の趣味が高じて社会活動と結びつくところから始まったものであった。そして、毎日の放送を維持するための負担が個人の趣味の域を出てしまった段階で、定時放送は行き詰まらざるを得なかったし、またそうした挫折にも悲壮感は伴わなかったのである。[…]もし菅野がこの機を失い、趣味的な自主放送から制度的（業務的というべきか）な自主放送への転換の舵をとらされていたとしたら、彼は本当の敗戦処理を強いられていたかもしれない。（山田 1988: 52）

個人の自作趣味が高じて自主放送が運営され、やがて行き詰まっていくという展開は、郡上八幡テレビに限らず、一九六六年に自主放送を開始した京都府竹野郡網野町（現・京丹後市）の「網野テレビ共同聴視施設組合」にも当てはまる。この組合を七〇年代に調査した柳井道夫によれば、スタジオもきわめて質素なもので、共聴組合事務所に使っている木造家屋の三坪位の一部屋の周囲に暗幕を張りめぐらしたものである。その部屋の中に必要最低限の機械をもちこみ、アナウンスもテロップの映写も、テープ操作も、そのスタジオ内での放送のための操作はすべて組合長が一人で行なう。〔…〕こうした形が可能であったのは組合長が機械いじりが好きであり、いわば趣味と実益をかねた形で自主放送の運営を引き受けていたからである。（柳井 1975: 58–59）

(3)『テレビ婦人学級』

それに対して、本章の観点から注目すべきは、郡上八幡テレビでは月に一、二回、『テレビ婦人学級』というレギュラー番組が放送され、多くの女性が参加していたことである。平塚によれば、この番組は原則として夜八時から九時三〇分までの九〇分にわたって放送された。劇団「ともしび」の千葉が担当し、ほとんど休みなく、定時番組のなかで最も長く続いたという。時事問題、料理講習、郷土史、身近な地域生活の問題など、多岐にわたるテーマが取り上げられたが、興味深いのはむしろ、番組の仕掛けのほうである。

当時婦人学級は八幡旧町地区の町内を単位とする婦人会をその母体として組織されていた。〔…〕まず各婦人学級から受講生代表がスタジオに集まって、そこで講義や実習が行われる。一方各婦人学級ではそれぞれ町内の電話のある家に会員が集まり、そこでテレビを見ながら学習や実習に参加する。スタジオと各会場は電話で結ばれ、不明な点や質問、意見があると会場から直接電話で講師に問いかける。講師はそれにテレビを通じて答える。今言うところの双方向テレビである。(平塚 1993: 39)

テレビを囲んでの学習という形式は好評で、『テレビ婦人学級』は、郡上八幡テレビの看板番組になった。婦人学級の数は一七から四〇に急増し、婦人会活動の活性化にもつながった。

この当時、電気技術と男性との結びつきは自明で、たとえばアマチュア無線の場合、女性が疎外される傾向さえあった(溝尻 2009)。それにもかかわらず、CATVの自主放送においては当初から、女性が重要な役割を果たしていたことが分かる。その理由をどのように考えることができるだろうか。以下では二点を指摘しておきたい。

(4) 婦人会活動としての自主放送

第一に、女性電話交換手の伝統、あるいは街頭放送や農村有線放送電話における女性話者の存在が挙げられる。ただし、これらがいずれも性別職務分離の一環だったのに対して[2]、初期の自主放送については、あまり職務とは考えられておらず、趣味や実用の色合いが強いものだった。

ラジオの共同聴取施設に電話の機能が加わったのが有線放送電話であり、農村部では農協が主体となって運営している地域が多かった。七〇年代に入ると、日本電信電話公社の電話普及策によってその存在が脅かされるなかで、農協がCATV事業に新規参入していく事例もあり(高木 1974:

368–369）、両者の連続性は明らかである。菅野は当初、郡上八幡テレビのことを「告知放送」と呼んでいたが、これは有線放送電話の用語に他ならなかったし、実際、有線放送の女性職員がアナウンサー役になることもあったという（山田 1988: 46）。

そして第二に、社会教育に対する女性の関心の高さが挙げられるだろう。農村有線放送電話に関して坂田謙司が次のように指摘しているが、これは郡上八幡テレビの特徴とも重なり合う。

初期において施設職員以外が制作した自主番組としては、青年団や婦人会などの社会教育関係の番組があった。その背景には、一九五〇～六〇年代にかけての社会教育運動がある。一九四九（昭和二四）年に社会教育法が制定され、農村を中心に公民館が多数建設されていく。公民館活動は地域社会との連携が強く、その意味では有線放送電話は「声」の公民館活動とも言える。（坂田 2005: 250）

山田によれば、「菅野が郡上八幡町公民館長、千葉が公民館主事、さらに菅野の夫人・苗子が婦人会の役員であったことを考え合わせると、公民館活動の延長としてＣＡＴＶ自主放送を利用しようという発想が出てくることはごく自然だった」（山田 1988: 51）。

「班」を単位として番組制作がおこなわれていたこと、そして婦人会活動を基盤として『テレビ婦人学級』が粘り強く放送されていたことは、高度経済成長期に顕在化していた、協同組合による地域形成運動のあり方にも似ている。町内会単位では対処できない地域の問題に向き合うべく、新しい婦人運動のあり方が模索されていた当時、首都圏に目を向ければ、一九六八年に設立された「生活クラブ生協」が、班による共同購入という画期的な事業に取り組み、これが組合員の協同運動の基礎単位にもなった（その前身となる「世田谷生活クラブ」が、女性を主体とした地域住民組織として設立されたのが一九六五年である）。社会学者の道場親信によれば、「班という基礎単位への組合員の参加が組合員同士のコミュニケーションを日常的なものとし、［…］さらには地域や生活の問題に取り組む活動に積極的に関わることを組合員に促し、そうした活動に関わるなかから新たなリーダー、活動者が育っていくという、運動論的な機能（教育機能、主体化機能）が隠されていた」という（道場 2014: 167）。

もっとも『テレビ婦人学級』の場合、そのような主体性が参加者のあいだに育まれることはなかった。

日が経つにつれ各会場、スタジオ共出席者が固定化し内容の平板さもあってマンネリ化していったという。例え電話によるフィードバックという妙手を採用していたにせよ、役場のやることをやっていれば金も出してくれるし講師も出してくれるという雰囲気で、テーマも婦人が要求しているものとはずれていたという。独自の興味や関心を下に婦人達の側から進められた共同学習の場ではなく、あくまで上から与えられたものにすぎなかった。（平塚 1993: 146）

『テレビ婦人学級』が無くなった後、八幡町では婦人会活動は著しく低下していったが、その代わり、町内会のような地縁にもとづくのではなく、手芸、商業簿記、書道、料理研究といった趣味縁にもとづく婦人サークルが相次いで誕生していったという。平塚は次のように指摘している。

東京オリンピックを境とする時代、日本は高度成長の最中にあった。地方都市や、郡上八幡のような町でも、水道、道路、ゴミ、シ尿、等の都市の環境整備が進められ、住民の生活環境が近代化する過程にあった。郡上八幡テレビで見たように、町内会単位の婦人会が任意の目的別サークルに変わっていく時期、古くからの共同体社会が急速に解体し、身近な地域の問題をめぐって利害対立が表面化してくる時代であった。（平塚 1994: 44）

こうして七〇年代に差し掛かる頃、さまざまな社会的課題が浮上してくるなかで、ＣＡＴＶの自主放送もまた、社会教育にもとづく相互扶助的な問題解決だけではなく、地域行政との連携、地方議会に対する批判的視座など、六〇年代とは異なる意味合いを帯びるようになる。

(5)　性別職務分離——任意組合から株式会社へ

静岡県下田市の「下田有線テレビ放送株式会社」は七〇年代、「コミュニティメディア」という理念を体現する存在として一躍、脚光を浴びる。現在まで自主放送を継続しているCATV局のなかでは最も古い。

下田市では一九五八（昭和三三）年六月、「下田電気ラジオ商組合」が山頂に共同アンテナを建て、六四世帯を対象に在京三局の区域外再送信を始めた。その後の一九六九年二月、施設の老朽化と経営難のため、施設を加入者所有に移管して「下田テレビ協会」に改組する。法人格を持たない任意組合では、設備の更新にさいして融資を受けることができないため、資金を全面的に加入者の出資に頼らざるをえず、高性能の設備を導入して事業を発展させることが難しくなる（高木 1974: 363-364）。そこで一九七一年一一月には株式会社となり、現在に至っている。

『サンデー毎日』は同年、「いで湯の町のミニテレビ局」という見出しのもと、下田有線テレビ放送をグラビアで取り上げていて、とくに女性職員の活躍に焦点をあてている（図10－2）。

下田テレビ協会のスタッフは　全部でたったの一四人「一人一業の時代は昔の話　現代は　一人でなんでもやれるようでなくてはダメだ」という竹河専務の方針で　ここの女子職員は　カメラマンもやれば　テロップも作る(3)

当時のテロップはすべて手書きでつくられていた。もっとも、郡上八幡テレビにおける婦人会の活躍に比べると、下田の女性職員は補佐的な役割にとどまっているように見える。

図10-3『こちら下田CATV――情報コミューンの誕生』（放送ジャーナル社、1972年）

図10-2　下田有線テレビの女性局員
出典：『サンデー毎日』1971年2月7日号

また、翌一九七二年には『こちら下田ＣＡＴＶ――情報コミューンの誕生』（図10－3）が刊行され、自主放送に関わる人びとのバイブルになった。「コミューン」とは、一九六八年創刊の雑誌『ホール・アース・カタログ（*Whole Earth Catalog*）』が象徴するアメリカのヒッピー・ムーヴメント、そしてベトナム反戦運動の機運とも結びついた、新しい価値観やライフスタイルを体現する小規模な共同社会を意味する言葉だが、実のところ、先に言及した協同組合運動の由来にも関わる概念である。(4) その冒頭に掲載された、創業者・竹河信義の文章は、次のような一文から始まる。

> 素朴な話し合い、対話等が、民主主義社会の出発点であるとするならば、一九七〇年代はまさに失われつつある民主主義社会回復のための情報化社会でもあるべきと考える。（放送ジャーナル社編 1972: 3）

従来のＣＡＴＶ局と同じように、学校教育や社会教育を補完するための手段として自主放送を位置づけることに加えて、竹河は同書のなかで、テレビ行政に対する厳しい批判も展開している。

県域二局とか、三局とかに限定しているのは、区域別に独占経営が設定されているので、それら既存の放送局が自社の採算しか考えず、地方の視聴者の欲求を無視してチャンネル増加に反対している。こうした事実も現行の免許制が最大の癌となっている。このような限りでは権力者の横暴はいつまでもまかり通り、視聴者大衆はいつまでも不遇な扱いを受けなければならない。（放送ジャーナル社編 1972: 25–26）

しかし、こと女性職員については、『こちら下田ＣＡＴＶ』の執筆者は全員が男性であるためか、テロップを書く女性の写真が掲載されてはいるものの、全体的にその存在感は薄い。二名の女性職員の活躍が紹介されるさいに強調されるのは、決まってテロップを書いている姿だった(5)。自主放送が個人の趣味から集団の仕事に変わり、こうして性別職務分離が進行していったのである。

3 「Ｄｏ Ｉｔ Ｙｏｕｒｓｅｌｆ わたしのテレビ」——津山放送

(1) 『青空ジョッキー』

冒頭で紹介した津山放送株式会社は、一九七六年九月に設立された。県南からの電波は津山盆地

図 10-4　猪木俊一『四畳半テレビ電波大作戦――4ch 津山放送奮戦記』（新評社、1981 年）

の底までほとんど届かず、とくに香川県に本社がある西日本放送の電波は受像が難しかった。そこで一九六五年一二月、「西日本テレビ共聴有限会社」が設立され、この会社が架設したケーブルを賃借するかたちで、津山放送が自主放送を始めることになる。サービスエリアは旧市街地の一部で、約四〇〇〇世帯を対象に自主放送をおこなっていた。

その中心人物だった猪木俊一が一九八一年に執筆した『四畳半テレビ電波大作戦――4ch・津山放送奮戦記』（図10-4）によれば、CATVの自主放送における先例を踏まえながらも、津山放送は開局当初、『ヤングスポット』という音楽番組を不定期に放送していた。音楽的な話題を枕にした、素人が出演する番組だったという。「ぼくが街で見つけてきたいろんなヤングをスタジオにひっぱり込み、狭いスタジオを案内しながらなんだかんだと言っているうちに番組に収録してしまうのである。どこから流れてきたのか住所不明のヒッピー風自称フォーク・シンガーから、観光旅行中に津山で途中下車したOLまで、ひどい時にはガール・フレンドと喫茶店でデート中、隣りのテーブルにいた女性を口説いて「ヤングスポット」にゲスト出演してもらったこともある」（猪木 1981: 51）。こうして、自主放送に「ゲスト」として参加した女性たちのなかから、継続的に番組制作に関わっていく「レポーター」が誕生していったという。

そして一九七七年五月、『青空ジョッキー』というバラエティ番組が誕生する。当初は一時間に編集された収録番組で、毎週土曜日に放送していたが、一九七九年の春から長時間の生放送に切り替えた。週に一回から二回、そして週三回へと増加し、一九八〇年には毎日二～六時間の生放送をおこなうようになった。開局当初は、マスメディアとしてのテレビを真似ることに執着していたが、形骸化した制作のあり方から脱皮するために、この番組では編集室をスタジオに仕立て、局で起こっていることのすべてを映すという演出に挑戦した。

町の話題に視聴者からのリクエスト曲を折りこみ、茶の間と放送局を直結させ、普段着の雰囲気の中で日ごろ見落しそうな生活情報を伝えていく、という演出のねらいは的中した。これまでカメラの背後に隠れていた津山放送のスタッフが前面に躍り出たのだ。ベールに包まれていた見すぼらしいスタジオが、無残にもさらけだされたのだ。市民の多くは驚天した。（猪木 1981: 64-65）

この番組を支えていたのは、郡上八幡テレビの『テレビ婦人学級』と同様、電話の活用である。スタジオから警察署交通課や測候所に電話を掛けて、最新の交通情報や天候情報を得るだけでなく、逆に視聴者からの電話連絡をスタジオで受けた。直通番号を記したパネルは、いつもキャスターの前に置かれていた。猪木は、この番組で「Ｄｏ　Ｉｔ　Ｙｏｕｒｓｅｌｆ」という言葉を用いた理由について、七〇年代のヒッピー文化からの影響であることを認めている(6)。

(2)「田舎文化人の手づくり放送」

一九八〇年、『週刊プレイボーイ』に「日本最小のテレビ局・津山放送はただいま会社訪問ゼロ——就職学生諸君！ ヤングの安定志向が日本社会を内部から腐らせるぞ」という記事が出たのを皮切りに、『11PM』(読売テレビ)や『モーニングショー』(テレビ朝日)などに相次いで取り上げられる。

もっとも一九八一年四月以降、『青空ジョッキー』の放送時間は短縮され、日曜と月曜が放送定休日になった。その反面、女性スタッフと津山市在住の女性有志が企画・取材・司会のすべてをおこなう、『女テレビ』というワイド番組が制作されるようになる。この当時、現場スタッフは男性と女性が二名ずつで、女性は二二歳と一九歳の若者だった。『読売新聞』によれば、「女テレビ」では、合成洗剤に反対する主婦に番組づくりを任せ、スタジオで合成洗剤とせっけんの洗浄力を比べたり、両方を溶かした水に金魚を入れ、毒性を調べるなまなましい実験も行われた。テレビ番組がきっかけになって「合成洗剤追放津山連絡会議」という住民団体が生まれた(7)。

こうした経験を踏まえて、猪木は当時、津山放送の試みを「田舎文化人の手づくり放送」と呼んでいる。

情報で窒息しそうな都会人よりも、有線テレビを持っている田舎の人のほうがテレビ慣れしている、ということもできるでしょう。東京キー局の垂れ流し番組だけに終らず、その地域の情報を自分たちのテレビに流して、楽しみを見い出しているのですからね。ここでは、テレビを自分たちのものとして充分に活用する文化を持っているわけで、都会と較べてどちらが文化的であるか、考えてみる価値はありますね。（猪木 1981: 27）

ぼくたちは〝街のテレビ〟を手造り的に生み出そうとしているのだ。形骸化してしまったマスコミ、その下でなまの表情を失ったテレビ機構、それらと訣別したぼくたちは、新しいコミュニケーションを求めようと動きはじめた。（猪木 1981: 49）

このような主張は、「情報コミューン」を標榜する下田有線テレビ放送の地域ジャーナリズムにも通じる一方、むしろ津山放送の指向性は、欧州で広がりつつあった「自由ラジオ」運動の理念、あるいは日本で若者の趣味として流行の兆しを見せつつあった「ミニＦＭ」の実践とも重なり合う（→第11章）。

社会学者の浅野智彦は、趣味縁と社会参加の関係を歴史的に辿るなかで、趣味やつきあいの軸が「有用性」からそれ自体の「楽しさ」に準拠したものに移行していく時代の端緒として、一九八〇年代を捉えている（浅野 2011）。その意味で七〇年代までの自主放送は、地域社会における有用性を前景化させていたが、津山放送の試みはむしろ、消費社会の美学とされた「柔らかい個人主義」（山崎 1984→1987）に裏打ちされた表現活動のひとつだったといえる。

津山放送については八〇年代初頭、井上宏と多喜弘次が丹念な調査をおこなっている。彼らが実施した広告出稿者調査や受け手調査などによれば、「若者中心的すぎる」津山放送に対する評価は、相当厳しいものだった（多喜 1983）。また、津山放送と協力関係にある新聞社の青年社員は、聞き取り調査に対して「経費的には仕方ないにせよ、番組は幼稚、画質は悪い、ＣＭも原始的で、津山放送を見ている人などほとんどいないのではないか」と答えたという（井上・多喜 1981: 70）。しかしながら、インターネットでの動画配信――経費をほとんどかけず、一見すると幼稚な番組も多い――が社会的に定着した現在から振り返れば、津山放送の実践に対して、従来のテレビ表現とは異なる規準にもとづいて再評価することもできよう。

猪木による自主放送は約二〇年継続した。津山放送は一九九五年、「テレビ津山」に社名変更するとともに多チャンネル事業化し、猪木は社を離れる。そして現在、猪木は当時の様子を次のように振り返っている。「思うに――当時の津山放送と今のメディアは全く変わっていない。ツイキャスライブとかニコ生と同じ」(8)なのだ、と。

(3)　女性活躍の困難

猪木は一九八三年、『読売新聞』の取材に対して、津山放送が「女性の視点」にこだわった理由について、次のように話している。

テレビは専門家が金をかけて作るもんだと思い込んでしまう。僕らにも、放送局の人間なんだというえらそうな意識があった。結局、そんなタテマエで塗り固める男の論理に足をすくわれたんだな。

ところが、記事は次のように続く。

が、このごろ、スタッフの表情はさえない。「女の視点」をになう女性がいないのだ。最近、入社を希望してきた三十代の主婦は、一週間目に夫のケガのため断念した。まもなく退職する二五歳の女性は、「チーフは二十四時間、仕事と自分の生き方を一致させることができるだろうけれど」と少し恨めしそうにいう。

津山放送がつかまえたい町の日常、人々の暮らしが、女たちをなかなか働かせてはくれない。(9)

4　プロシューマーとジェンダー

アメリカの未来学者アルヴィン・トフラー（Toffler, A.）は一九八〇年、『第三の波』のなかで「プロシューマー（prosumer）」という概念を提唱している。非マス化（脱画一化）が促される脱産業社会の到来にともない、これまで市場のなかで乖離していた生産者（producer）と消費者（consumer）の役割が接近し、生産活動をおこなう消費者の重要性が増していくというのがトフラーの主張であった（Toffler 1980＝1982）。それから四半世紀近い時を経て、インターネットという表現の場が広がったことで、情報の送り手／受け手、表現の生産者／消費者の境界が曖昧になり、アマチュア創作の裾野が拡大したことから（→第5章）、こうした議論が再び脚光を浴びるようになった。創作支援のアプリケーション、動画共有サイトやソーシャルメディアなどが普及し、マッシュアップや二次創作文化などが生まれたことで、ようやくプロシューマーの存在が現実化してきたというわけである。

市場の変化の兆しとしてトフラーが挙げていたのが、医療における自助運動、そしてＤＩＹであることに注目しておきたい。医療における自助運動に関していえば、消費の「個人化」にともなって生活協同組合の班活動が解体に向かっていったにもかかわらず、医療生協の班活動は現在もさかんにおこなわれている。また、情報社会における協同組合運動のあり方を考察している伊丹謙太郎は、DIY文化が情報通信分野で浸透したことによって再び脚光を浴びたトフラーの議論が、市場交換に限定されない経済社会の復興を可能性として内包している点に着目している[10]。

以上の観点からすると、郡上八幡テレビが班活動として番組制作をおこない、下田有線テレビ放送が「情報コミューン」を標榜する一方、津山放送が「Do It Yourself」を謳っていたことを鑑みれば、日本における初期CATVの自主放送は、トフラーが展望していたプロシューマーの理念を、先行的に体現していたともいえるだろう。

そして九〇年代以降の住民参加番組においては、女性の積極的な参加がみられるようになった。CATVがいわゆる装置産業として発展し、趣味的な自作文化としての色合いがすっかりなくなった結果、多くの女性にとって、参加の敷居は格段に下がったといえる。九〇年代なかば、児島和人や宮崎寿子を中心とする「パブリック・アクセス研究会」がおこなった調査によれば、全国各地のCATV局で制作されていた住民参加ドラマは、女性の意欲と実践によって支えられていたという。

女性たちは、男性を巻き込みながら、お互いに対等な立場で、演技、カメラワーク、制作手順などにたいして率直な意見をぶつけあい、話しあい、協力しあっていた。女性たちによるこのようなコミュニケーションの空間を、人びとが公共的な問題を論ずる「公共圏」の萌芽とみることはできないだろうか。(宮崎 1998: 228)

従来のメディア公共圏が、家父長的性格、資源（教養）の所有の不平等、公共圏の再封建化といった矛盾を抱えているのに対して、パブリック・アクセスによってもたらされた新しい公共のコミュニケーション空間は、こうした矛盾をある程度まで克服しているのではないか、と宮崎はいう。

女性が中心になり男性とともに上下関係のない緩やかな連帯を形作る。さまざまな背景を持つ人びとが社会的地位に関係なくいろいろな形でかかわりあい、お互いの能力と役割をカバーしあう。しかも、その場は支配的なメディアの操作から独立していて、オールタナティブな情報を生み出している。（宮崎 1998: 229）

林香里の言葉を借りれば、狭い意味での政治に価値を置く「〈オトコ〉のジャーナリズム」ではなく、ローカルな人間関係にもとづいて相対的な視点から編み上げられていく「〈オンナ・コドモ〉のジャーナリズム」（林 2011）のあらわれとして、これを捉えかえすことができよう。

さらに近年では、コンピュータやスマートフォンを自在に使いこなし、オンラインのプラットフォームを活用することで、みずから趣味的な動画配信をおこなう女性たちの姿が存在感を増している。地域に根ざした情報の発信も精力的におこなわれていて、これまでＣＡＴＶの自主放送や住民参加番組が担ってきた役割を、ネットを介した新しいやり方で引き継いでいるようにみえる。

もっとも、本章で概観したとおり、ＣＡＴＶの自主放送には当初から多くの女性が関わることで、ジェンダー化された趣味文化の境界を揺さぶっていたが、これを越境していたとまでは言えない。自主放送が趣味でおこなわれている限りにおいて、女性の積極的な参加が促されていたのは、インターネットを舞台に活躍するプロシューマーとも通底している。

謝辞

本章は、ＪＳＰＳ科研費（JP15K01927／研究代表者：飯田豊、JP19K02119／研究代表者：飯田豊、JP17H02307／研究代表者：日高勝之）の助成を受けた研究成果の一部である。

注

（1）デンマーク出身のメディア・プロデューサーであるアスケ・ダム（Dam, A.）は、ビデオ・アーティストとして活動していた一九八〇年前後、アメリカの人類学者リチャード・ヴァーナー（Warner, R.）とともに日本各地のＣＡＴＶ局を視察し、映像を記録している。https://vimeo.com/user17731587/review/125249789/bffaf4fb24（二〇一九年六月二七日アクセス）

（2）電信技手（＝男性）と電話交換手（＝女性）の性別職務分離については、石井（2018）に詳しい。

（3）『サンデー毎日』一九七一年二月七日号。

（4）「かつてのオーウェン派を中心とする初期社会主義にくくられる協同組合運動の先人たちは自給自足の共同体（コミューン）の建設を目標とし、コミュニタリアンと呼ばれていた」（伊丹 2014: 191）。

（5）藤岡（1972）も参照。

（6）ツイッター上での筆者との会話による。「ひとから言われて参加するのじゃなく、てめえでやって作ってくれということです。七〇年代のヒッピーの影響ですね。w」https://twitter.com/7yFd4/status/996889879257624576（二〇一九年一〇月二九日アクセス）。ＤＩＹ文化を体現することで、ヒッピー・ムーブメントを支えた『ホール・アース・カタログ』（一九六八～七四年）は、スティーブ・ジョブズ（Jobs, S.）やエリック・シュミット（Schmidt, E.）を魅了したことでも知られている。いわゆるハッカー文化に多大な影響を与え、西海岸におけるコンピュータやネットワークの革新につながっていった。

（7）『読売新聞』一九八一年八月二三日（朝刊）、七面。

（8）https://twitter.com/7yFd4/status/900982512867975168（二〇一九年一〇月二九日アクセス）

（9）『読売新聞』一九八三年一〇月二三日（朝刊）、七面。

（10）伊丹（2014）を参照。

参考文献

浅野智彦（2011）『趣味縁からはじまる社会参加』岩波書店

藤岡伸一郎（1972）「「下田有線テレビ放送」をみる――ＣＡＴＶの虚像と実像」『総合ジャーナリズム研究』六〇号

林香里（2011）『〈オンナ・コドモ〉のジャーナリズム――ケアの倫理とともに』岩波書店

平塚千尋（1993）「コミュニティメディアとしてのテレビの可能性――ＣＡＴＶ初期における地域自主放送の試み、その1、郡上八幡テレビ」『放送教育開発センター研究紀要』九号

平塚千尋（1994）「コミュニティメディアとしてのテレビの可能性――ＣＡＴＶ初期における地域自主放送の試み、その2、新紀テレビ」『放送教育開発センター研究紀要』一一号

放送ジャーナル社編（1972）『こちら下田ＣＡＴＶ――情報コミューンの誕生』放送ジャーナル社

猪木俊一（1981）『四畳半テレビ電波大作戦――４ｃｈ・津山放送奮戦記』新評社

井上宏・多喜弘次（1981）「地域メディアとしてのＣＡＴＶ研究：津山放送――（１）その成立背景と発展経過」『関西大学社会学部紀要』一三巻一号

石井香江（2018）『電話交換手はなぜ「女の仕事」になったのか――技術とジェンダーの日独比較社会史』ミネルヴァ書房
伊丹謙太郎（2014）「情報社会における協同組合運動」中川雄一郎・杉本貴志編『協同組合 未来への選択』日本経済評論社
道場親信（2014）「「個人化」社会における〈つながり〉と協同組合運動――首都圏生活クラブの取り組みから」長田攻一・田所承己編『〈つながる/つながらない〉の社会学――個人化する時代のコミュニティのかたち』弘文堂
宮崎寿子（1998）「パブリック・アクセスからみたメディアの現在と未来」児島和人・宮崎寿子編『表現する市民たち――地域からの映像発信』NHKブックス
溝尻真也（2009）「アマチュア無線家は何を欲望してきたのか？――雑誌『無線と実験』に見るテクノロジーとジェンダー」『日本語とジェンダー』九号
日本ケーブルテレビ連盟25周年記念誌編集委員会編（2005）『日本のケーブルテレビ発展史』社団法人日本ケーブルテレビ連盟
坂田謙司（2005）『「声」の有線メディア史――共同聴取から有線放送電話を巡る〝メディアの生涯〟』世界思想社
高木経典（1974）「わが国のCATV事業の経営実態」東京大学新聞研究所編『コミュニケーション――行動と様式』東京大学出版会
多喜弘次（1983）「地域生活情報媒体＝CATV＝の課題――「津山放送」「洛西ケーブルビジョン」研究調査から」『総合ジャーナリズム研究』二〇巻一号
山田晴通（1988）「CATV自主放送のルーツ――郡上八幡テレビの三年を支えたもの」『総合ジャーナリズム研究』一二三号
山崎正和（1984→1987）『柔らかい個人主義の誕生――消費社会の美学』中公文庫
柳井道夫（1975）「地域コミュニケーション組織の再編と展開――有線テレビ事業体の展開とその問題点」『成蹊

大学文学部紀要』一〇号
安井忠次（1965）「有線放送の社会的機能についての考察」『放送学研究』一一号
Toffler, A.（1980）*The Third Wave*, Bantam Books.＝（1982）徳岡孝夫監訳『第三の波』中公文庫

第11章　「ポストメディア」の考古学
――ミニFMをめぐる思想と実践を手掛かりに

1　ミニFMの（かすかな）再生《リバイバル》

二〇一七年に公開されたアニメーション映画『きみの声をとどけたい』（監督：伊藤尚往）は、海の見える町（湘南をモデルにした架空の町）に住む女子高生たちが、誰も使っていないミニFMラジオ局を再生させるために奮闘する物語である。(1) ミニFMというのは、電波法が定める微弱電波の範囲内で、誰にも断りを入れることなく無許可で開設できるもので、その可聴範囲は一〇〇メートルに満たない程度である。平たく言えば、ワイヤレスマイクの原理を放送に転用したものだ。この映画では、一二年前に廃業した喫茶店に併設されていたラジオ局という設定だったが、実際に日本でミニFMが流行したのは一九八〇年代のことだった。

二〇〇〇年代なかば以降、インターネットのストリーミング配信――ユーストリーム（Ustream）、ユーチューブライブ（YouTube Live）、ツイキャスティング（TwitCasting）、ニコニコ生放送などが代表的なプラットフォーム――でおこなわれてきた雑談放送の雰囲気にも似ているせいか、ミニFMを実際に開設する動きも起こっている。たとえば、二〇〇七年に放送されたテレビアニメ『らき☆すた』が埼玉県鷲宮町（現・久喜市）の鷲宮神社を描いたことで、いわゆるアニメ聖地巡礼の火付け役となったが、二〇一〇年にはミニFM局「ラジオ鷲宮」が開局している。

また、ラジオ・アーティストの毛原大樹は二〇〇五年頃から、微弱電波を用いた表現活動に取り組んでいる。全国各地の商店街やミュージアムなどを舞台に、微弱電波を用いたラジオやテレビの放送を実験的におこなうことで、地域の人びとが集まり、交流や協働を促す場のデザインを仕掛けている。

商業的な動きとしては、飲食店を中心に事業展開する会社が、ミニFMのラジオブースがカフェやイベントスペースと一体化した複合施設を運営している事例がある。番組はネットでも聴取できるが、ラジオ局を核とした集いの場が設計されていることに特徴がある。

インターネットと携帯端末が普及した現在、われわれはいつでもどこでも、世界中に向けて情報を発信することができる。それにもかかわらず、ミニFMという過去の――場所がきわめて限定された――実践に、どうして再び共感が集まっているのだろうか。

このささやかな問いを出発点として、本章では、「ポストメディア社会」とも呼ばれる今日的状況を見通すための補助線を引いてみたい(2)。

2　ミニFMとは何だったのか

『POPEYE』一九七九年七月二五日号は「ぼくたちの放送局」という特集を組み、五万円で実現できる「百メートル放送局」の魅力や具体的なノウハウを紹介している。当時は現在よりも規制が緩く、数百メートルの範囲で電波を飛ばすことができた。法律で認められた私設放送局であることが強調されている反面、違法な出力の海賊放送についても紹介されている。

批評家の粉川哲夫は同じ頃、海賊放送の流れを汲み、イタリアで新しい社会運動（＝アウトノミア運動）と結びついた「自由ラジオ」の思想と実践を、精力的に紹介していた（図11－1、粉川編1983）。自由ラジオとは、国に独占された電波の市民解放を目指した運動だったが、日本のミニFMはそうした政治性とは一線を画して、都市的な若者文化として広く認知されていった(3)。『STUDIO VOICE』一九八三年一〇月号の特集では、自由ラジオが「反マス・コミ派」、ミニFMが「遊び派」と大別されている。

図11-1　粉川哲夫編『これが「自由ラジオ」だ』（晶文社、1983年）

後者の象徴的存在だったのが、一九八二年に開局した東京・青山の「ＫＩＤＳ」だった。新人バンド「Ｃｏｃｏｎｕｔ Ｂｏｙｓ（後のＣ-Ｃ-Ｂ）」のプロデュースなどが注目を集め、ビジネス志向のミニＦＭ局として新聞や雑誌などで大きく取り上げられ、大学生を中心とする開局ブームをもたらした。七〇～八〇年代、個性的なＦＭ放送局が少しずつ開局する一方、カセットテープレコーダーのような機器を個人で容易に所有できるようになったことが、ミニＦＭの流行の背景にあった。

一九八六年に刊行された『ミニＦＭ全国マップ』には、大学のサークルが母体の局から宗教団体が運営する局まで、計一二八局のミニＦＭ局が紹介されている（亜紀書房編集部編 1986）。既に全盛期を過ぎていた頃だが、誰に断りを入れることなく無許可で開設できるものなので、これをはるかに上回る数の局が存在していただろう。和田敬によれば、関西地域だけで当時、少なくとも一六五局のミニＦＭが存在していたという（和田 2011）。

マスメディアに媒介された消費文化が爛熟していた一方、インターネットが登場する直前という過渡期だったことを踏まえると、ミニＦＭには興味深い特徴がある。一部のミニＦＭ局は、小さな出力をカバーするために、相互に「ネット」（他局の電波を再送信）や「リンク」（他局との双方向中継）をおこない、独自の横断的なネットワークを形成していた。送り手と受け手が顔を合わせるイベント（オフ会）が開催されることもあり、開かれたコミュニティが形成されるきっかけになった。中心と周縁というヒエラルキーを想定しない、初期インターネットの概念に近い発想だったといえよう。

しかし結局、日本での流行は終始マスメディアによって主導され、濃密な人間関係に支えられた一部の人気局を除くと、わずか数年で衰退した。粉川は一九九二年、武邑光裕、上野俊哉、今福龍太とともに、『ポスト・メディア論』という本を著している。[4] このなかで粉川が、放送の展望について次のように述べているのは、自由ラジオ（＝理想）とミニＦＭ（＝現実）との差異を含意しているように読める。

技術の性格からすると、電子メディアは、活字メディアよりも、使用者（ユーザー）本位の機能を発揮しやすいのであり、テレビやラジオが、一方的に情報を「散布（キャスト）」するのは、柄に似合わないのである。

新しい放送メディアは、衛星にしてもケーブルにしても、双方向メディアであり、技術的に、「受け手」が直ちに「送り手」になることが極めて容易であるようなメディアである。だが、このことは、視聴者が放送局のマネごとをすればよいということではない。重要なのは、視聴者と放送局との関係を根底から変えることなのだ。（粉川・武邑・上野・今福 1992: 27）

実のところ、書名に掲げられている「ポストメディア」という概念の成り立ちは、自由ラジオ運動の展開と深く関わっている。そこで以下では、その思想と実践の地層を掘り起こしてみたい。

3 「ポストメディア」の地層

批評家の東浩紀は、一九九七年から二〇〇〇年のあいだに著した『サイバースペースはなぜそう呼ばれるか』のなかで、マクルーハンの独創性は、電子メディアの速度が現実空間の広がりを縮小すると主張した点にあるのではなく、メディアそれ自体を「空間」や「場」として捉えた点にこそあると指摘した。この空間的隠喩にもとづくメディア理解は、八〇年代なかば以降、物理的には存在しない「サイバースペース」という語の流通などによって、ますます強化された。ただし厳密にいえば、この隠喩はマクルーハンが単独で採用したものではなく、彼の言説は六〇〜七〇年代に世界各地で生じた動向と共振していた。その一例として東は、イタリアの自由ラジオ運動に言及している。これはメディアに新たな公共空間《パブリック・スペース》を見出す発想に下支えされていたという（東 2011: 9–13）。

マクルーハン的なメディア理解をひとまずこのように捉えたうえで、それでは「ポストメディア」と呼ばれる着想は、いったいこれをどのように更新しようとしてきたのだろうか。以下ではふたつの異なる指向性を素描しておきたい。

(1) 「ポストメディア」の更新《アップデート》――ポスト・マスメディアからデジタルメディアへ

自由ラジオを中核としたアウトノミア運動の理論的支柱のひとりが、フランスの哲学者で精神科医のフェリックス・ガタリ（Guattari, F.）である。ネットワークという概念[5]に立脚したガタリの政治的提案は、国家によるマスメディア独占を克服しようとした自由ラジオにとって、重要な参照点となった。イタリアの自由ラジオ運動はフランスにも波及し、ガタリ自身、ラジオ技術者の息子とともに活動に参加していた。イタリアの活動家たちと絶えず交流しながら、ガタリはマスメディアの希少性を批判しつつ、自由ラジオを理論化することを目指した。ガタリは一九八〇年、粉川によるインタビューのなかで次のように発言している。

> わたしたちの関心は、単に自由ラジオの公認された大きな局を作ることだけではなくて、ラジオがテレビやテレコミュニケイションのような別のメディアとともに、人々が自分自身のための新しいタイプの表現手段として自由に使えるものにすることです。［…］ラジオの技術的な変革、つまり送信手段がひじょうに小さくなったことは、たとえば謄写複写機やオフセットや電子複写機などの複製手段の進化にくらべることができます。その際、われわれがこうした手段を利用できる自由を厳しく要求することは、絶対に正当なことです。［傍点は引用者］（粉川編 1983: 174）

そしてガタリは一九八九年、「ポストメディア」という概念を提唱している。[6]「メディアを再特異化の道にひきこんでいくことのできる多数の主体集団がメディアをあらためてわがものにする」ことを目指し、「メディアの技術革新、とりわけ極小化、コストの削減などによって、非資本主義的な目的への使用の可能性」［傍点は引用者］（ガタリ 1989＝2008: 60–61）を展望するガタリの指摘は、自由ラジオに対するまなざしと完全に一致していることが分かる。

伊藤守や毛利嘉孝は近年、ガタリのポストメディア概念を踏まえて、その構想と分析の視座をデジタルメディア環境に継承している（伊藤 2017; 毛利 2017）。ガタリが展望した「メディアの技術革新」にともなう変化の芽は、インターネットや携帯端末に結実したが、彼の期待とは裏腹に、それらはグーグル（Google）やアマゾン（Amazon）、ツイッター（Twitter）やフェイスブック（Facebook）など、世界有数の多国籍メディア企業によって寡占的に運営されるプラットフォームに支えられている。情報技術の革新は「グローバル化した資本の増殖過程に取り込まれ、内部化され、新たな統合と制御のメカニズムとして組織されてしまったのではないか」（伊藤 2017: 14）。そこで伊藤は、これを「ポストメディア社会」の現勢態（＝実現された事態）と捉え直したうえで、その潜勢態（＝現勢態が生成される過程に潜在している事態）との関係に注意を向ける。

上野俊哉もまた、ガタリのポストメディア概念の現代的意義を、次のように捉え直している。

ネットにおけるストリーミングの浸透によって彼（ガタリのこと：引用者注）の自由ラジオに寄せる期待はもはや夢と潰えたように思われるかもしれない。だが逆に、こうした新しいテクノロジーが古い旧来の因襲的な様式で使われていることにもっと注意を向けるべきだろう。［…］「ポストメディア」とはガタリにとって、新しいメディア技術のことでも、メディアの終わりを示す事態でもない。むしろ、それはメディアによって開かれた新しい環境と主体のあり方を示唆する何かであったように思われる。（上野 2016: 38-39）

ただし、一九九〇年頃にガタリが想定していた（ポスト）メディアのあり方と、現在のデジタルメディア環境とのあいだには、決定的な差異が存在することも付け加えておかなければならない。レフ・マノヴィッチ（Manovich, L.）は後者の特徴を「メタメディウム」と呼び、シミュレーション技術としてのソフトウェアの特性に着目している（Manovich 2013）。個々のメディアが非物質化し、ソフトウェアとして横並びになることによって、それぞれの根源的差異は消滅する。門林岳史は、われわれが情報技術のうちに自らの身体を浸し、その意識が生身の肉体から脱身体化していくなかで、極限的には媒介作用の痕跡が抹消され、マクルーハン的なメディア概念が自己消去に向かうとして[7]、これを「ポストメディアの条件」と位置づけている。

(2) 〈非－場所〉から〈場所〉のメディア論へ

ところで、ガタリの思想や実践が粉川哲夫と共鳴していたことは、ふたりの交流からみても明らかである。もっとも、欧州と日本では事情が大きく異なっていたことには注意しておきたい。粉川は八〇年代初頭、イタリアやフランスよりも格段に規模が小さい、微弱電波を用いた合法的な自由ラジオのあり方を模索していた。欧州のように個人が出力の大きい電波を飛ばすことは不可能だが、裏を返せば、微弱電波であればどこでも自由に出せるのが日本の特徴であり、その独特の面白さに初めて気づいたという。「いままで電波というのは遠くにだすのが目的だった。ところがこのミニ・ラジオは逆に人をひきよせる媒体なんだ」と粉川は指摘する（粉川編 1983: 162）。

マス・メディアの機能は、普通、情報の伝達にあると考えられている。それは、できるだけ多くの人々にできるだけ大量の（そして〝ニュー・メディア時代〟にはできるだけ多様な）情報を伝達できればよいとされる。しかし、メディアのもっと積極的な機能は、そうした伝達手段ではなく、むしろ媒介――それを共有している人々に横の関係をつけること――であって、マス・メディアはこの面をあえて無視している。［傍点原文ママ］（粉川編 1983: 16）

マスメディアとしての放送は、常に受信と送信の立場が固定的で、送信する側に立つのは難しいのに対して、受信はきわめて容易である。限定された範囲内で手軽に放送できる自由ラジオやミニFMは、放送されている現場に近づかなければ聴取できないのだから、その関係性が完全に逆転している。

こうして粉川の関心は、電波に媒介された公共空間のあり方に加えて、電子技術に媒介された都市空間の考察に向かう（粉川 1987）。粉川らが一九九二年に著した『ポスト・メディア論』は、ガタリの概念を踏襲しているというよりも、八九年のベルリンの壁崩壊や天安門事件、九〇年の湾岸戦争、九一年のソ連崩壊といった出来事のなかで、映像に媒介された電子的なリアリティがせり出してきた反面、身体的なリアリティが二次的なものになっていることに対する問題意識が強く表れている。粉川は、メディアの語源に「開かれた街路」という意味があること、交通がコミュニケーションの媒介であることなどに触れ、メディア論と都市論との不可分な関係に注視する（粉川・武邑・上野・今福 1992）。脱身体化するマスメディアのリアリティに対して、身体性を取り戻す試みとして「ポストメディア」を位置づけていたともいえるだろう。

同じ頃、若手社会学者の吉見俊哉や若林幹夫もまた、メディア論と都市論を横断した研究に取り組んでいる。たしかに情報化の波は当時、個人の私的空間に大きな恩恵を与えるというよりも、まずは都市空間を再編成していく力学として捉えられていた（→第3章）。その後、インターネットが家庭に普及し、「サイバースペース」という空間的隠喩が定着するにつれて、このような視座はいったん停滞する。

しかしながら、われわれは現在、都市に遍在するスクリーンから、手のひらのうえのスマートフォンまで、さまざまな情報メディアに取り囲まれた日常生活を送るようになった。ソーシャルメディアが普及して以降のインターネットにおいては、純粋に仮想空間に閉じた人間関係（＝仮想現実）は成り立ちにくく、ネットは現実のコミュニケーションを拡張する方向（＝拡張現実）に作用している。その結果、現実空間と切り離されたメディア経験ではなく、情報メディアが多重的に媒介する生《ライヴ》の体験にこそ、大きな価値が見出されるようになっている（→第9章）。

4　メディア論的思考としてのＤＩＹ

　ところで、技術に対する手触りの感覚をともなうことなど、ミニＦＭと多くの共通点を有しているのが、個人もしくは小さなグループによる自主的な出版物を意味するＺＩＮＥ《ジン》である。その歴史は遅くとも二〇世紀前半にまで遡ることができるが、一九八〇～九〇年代、手軽に利用できる複写機、そしてマッキントッシュ（Macintosh）を用いたＤＴＰ（Desktop Publishing）が普及したことで、世界各地で大いに発展した。

　日本では六〇年代、マス・コミュニケーションの対義語として「ミニコミ」という言葉が広がり、七〇～八〇年代に多様な自主出版物（＝ミニコミ誌）が流通した。もっとも、ミニコミという概念には本来、第10章で取り上げたＣＡＴＶ、あるいは本章で焦点をあてた海賊放送やミニＦＭなどの電気的実践も含まれていた。ライターで翻訳家の野中モモは、日本ではＺＩＮＥがアーティストブックのような洒落たものとして捉えられがちで、ミニコミの伝統あるいは漫画同人誌などの文化と乖離している現状を批判している。「社会の周縁にある、持たざる者の声を伝えるメディアとしてのＺＩＮＥの歴史は、どうやら日本にはあまり伝わっていないようだ」（ばるぼら・野中 2017: 3）。この傾向もまた、自由ラジオと一線を画して流行した日本のミニＦＭと通底している。

　そして二〇〇〇年代、世界中でＺＩＮＥの再生《リバイバル》が起こった。インターネットが当たり前になったからこそ、九〇年代までとはまた違ったかたちで、小規模印刷物《リトルプレス》の魅力が新たに発見されたのである。「モノとして完結すること、届くまでに時間がかかること、広がりすぎないこと。二一世紀の情報環境の下、こうしたZINEの特徴はすべて別の意味合いをまとうようになる」（ばるぼら・野中 2017: 3）。

本章の論点に即して言えば、ミニFMやZINEのようなDIYに共通しているのは、第一に元来、マスメディアというシステムの希少性を創造的に批評する、メディア論的思考に覚醒した個人による主体的な営みだったという点である。マスメディアとしての放送や出版は、常に送り手と受け手の関係が固定的で、それぞれの立場が乖離しているのに対して、こうした実践は互いの距離が（比喩ではなく）きわめて縮まっている。

かつて自由ラジオを論じたガタリが、複写機の進化を引き合いに出していたことを思い出しておこう。ガタリは当時、「主観性の再特異化や政治的・経済的民主主義の新しい考え方と連動するマスメディアの再構成――その利用方法の集団的な再獲得――を構想する」ための社会的実験がネットワーク的に結びつくことに期待をかけ（ガタリ 2008: 100）、これをポストメディア社会の特徴として肯定的に位置づけた。

そして第二に、デジタルメディアの時代においては、具体的な〈モノ〉と〈場所〉に立脚した身体的経験を取り戻そうとする手づくりのメディア実践として、これらが新しい意味合いを帯びているという点である。現在、ガタリの展望したポストメディア社会からは遠く離れて、インターネットでは寡占的なプラットフォームのメカニズムが複雑化し、非物質的なシミュレーション技術が不可視的に肥大化している。インターネットラジオの実践に取りくむ高橋聡太は、息継ぎできないユーチューバー（YouTuber）、ひるがえってポストトゥルースやフェイクニュースといった問題を踏まえたうえで、次のように述べている。

その根底にある構造的な要因は、局地的かつ刹那的なバズを息つく間もなく生み出さなければ延命できないウェブ媒体の収益構造と、極端な強度のある情報を絶えず求めるユーザーとの、不幸せな相互作用にほかならない。こうした現状の批判にあたっては、単なる懐古趣味的な旧媒体の礼賛でも、一過性のミニマリズムやデジタル・デトックスのような否定的方法でもなく、新しいメディアとほどよいリズムで呼吸をあわせるためにはどうしたらよいのかを問わなければならない。（高橋 2018: 79）

門林が指摘するように、「メディアという概念は、それがいまだ媒介されるべき独立した地位を確保された主体なるものを喚起しているように思われるという点においては、私たちが絶えず技術のうちに身体化しつつ脱身体化する時代の幕開けにおける、自律的主体の最後の抵抗にも見えてこないだろうか」（門林 2015: 152-153）。このような視角を踏まえながら、ガタリが期待をかけたような自律自治的なメディア実践の伝統が、インターネットによって潰えることなく命脈を保っていることの意味を、いましばらく前向きに考えてみたい。

注

（1）一九九一年に公開された映画『波の数だけ抱きしめて』（監督：馬場康夫）も湘南のミニFM局を舞台としており、当時の若者の感性に適合した新しいラジオ文化として描かれている（坂田 2009: 188-191）。

（2）ただし本書では、Krauss（2000）が提唱している、芸術表現における「ポストメディウム」概念については扱わない。

（3）海賊放送については原崎（1995）、日本のミニFMについては坂田（2009）、和田（2011; 2017）などに詳しい。

（4）初出は共同通信社の配信記事であり、一九九〇年一一月から一九九一年九月まで「メディアの現在」というタイトルで連載された。

（5）文化を軸にした「自律自治」を意味するアウトノミア運動は、「リゾーム的思考」として知られるフランスの哲学思想から強い影響を受けている。この運動のなかで自由ラジオを運営していたベラルディ（ビフォ）は後年、次のように回顧している。「ガァタリの政治的提案はネットワークという概念に立脚したものです。リゾーム状であってヒエラルキー的に形式化されたものではなく、しかしなお、状況が求めればいつでも機能し始めるもの、それがネットワークなのです」（ベラルディ 2010: 333）。

（6）門林岳史によれば、「少なくとも私が追跡できたかぎりでは、ガタリはポストメディア／ポストメディウム概念を初めて案出した人物である」（門林 2014: 15）。

（7）門林によれば、既にマスメディアが「透明に」機能していた時代に、マクルーハンは「メディウム」の古い意味――なにか中間にあって媒介するもの――を取り戻し、それを不明瞭で曖昧な概念に仕立て上げることで、マスメディアの媒介作用のうちに存在する「不透明性」を強調した。その潜在的な可能性がいずれ使い果たされ、すべてを包括する全面的な媒介作用のうちに消尽していくという予見を、門林は、一九八〇年代に現れたボードリヤール（Baudrillard, J.）、ヴィリリオ（Virilio, P.）、キットラー（Kittler, F.）の議論のなかに見出している（門林 2015）。

参考文献

亜紀書房編集部編（1986）『ミニFM全国マップ――ボクらの街のボクらのラジオ』亜紀書房

東浩紀（2011）『サイバースペースはなぜそう呼ばれるか＋――東浩紀アーカイブス2』河出書房新社

ばるぼら・野中モモ（2017）『日本のZINEについて知ってることすべて――同人誌、ミニコミ、リトルプレス　自主制作出版史』誠文堂新光社

ベラルディ、F.（ビフォ）（2010）『NO FUTURE――イタリア・アウトノミア運動史』廣瀬純・北川眞也訳・解説、洛北出版

ガタリ、F.（1989＝2008）『三つのエコロジー』杉村昌昭訳、平凡社

原崎惠三（1995）『海賊放送の遺産』近代文藝社

伊藤守（2017）『情動の社会学――ポストメディア時代における〝ミクロ知覚〟の探求』青土社

粉川哲夫編（1983）『これが「自由ラジオ」だ』晶文社

粉川哲夫（1987）『スペースを生きる思想』筑摩書房

粉川哲夫・武邑光裕・上野俊哉・今福龍太（1992）『ポスト・メディア論』洋泉社

門林岳史（2014）「メディウムのかなたへ――序にかえて」『表象』八号

門林岳史（2015）「メディアの消滅――一九八〇年代のメディア理論に見るマクルーハンの影」石田英敬・吉見俊哉・M．フェザーストーン編『メディア表象』東京大学出版会

毛利嘉孝（2017）「ポストメディア時代の批判的メディア理論研究へ向けて」『マス・コミュニケーション研究』九〇号

坂田謙司（2009）「メディア遊びとミニFM――マイナーメディアの文化論」高井昌吏・谷本奈穂編『メディア文化を社会学する――歴史・ジェンダー・ナショナリティ』世界思想社

高橋聡太（2018）「ラジオと深呼吸」『5: Designing Media Ecology』八号
上野俊哉（2016）『四つのエコロジー――フェリックス・ガタリの思考』河出書房新社
和田敬（2011）「ミニFMによるパーソナル・ネットワーキング――関西地域の事例をもとに」『情報通信学会誌』九七号
和田敬（2017）「ローカルメディアの技術変容――ミニFMという実践を補助線に」飯田豊編著『メディア技術史――デジタル社会の系譜と行方［改訂版］』北樹出版

Krauss. R.（2000）*A Voyage on the North Sea: Art in the Age of the Post-Medium Condition*, Thames & Hudson.
Manovich, L.（2013）*Software Takes Command*, Bloomsbury Academic.
McLuhan, M.（1964）*Understanding Media: The Extensions of Man*, McGraw-Hill. =（1987）栗原裕・河本仲聖訳『メディア論――人間の拡張の諸相』みすず書房
McLuhan, M. and Fiore, Q.（1967）*The Medium is the Massage: An Inventory of Effects*, Penguin Books. =（2015）門林岳史訳『メディアはマッサージである――影響の目録』河出文庫

第12章　災害ユートピアとしてのパブリック・アクセス

1　「特別な共同体」を支えるメディア

レベッカ・ソルニット（Solnit, R.）が「災害ユートピア」と呼んだ、災害時における「特別な共同体」の生成（Solnit 2009＝2010）。それは二〇一一年に発生した東日本大震災においても、あちこちに見出すことができた。被災者どうしの相互扶助、現地での震災ボランティアの活躍に加えて、「特別なオンライン共同体」の活動も目覚ましかった。支援物資、ボランティア、雇用などを効率的に媒介するマッチングサイトの数々に加えて、支援者の専門性や指向性に応じたオンライン・プロジェクトが数多く存在した。

たとえば、復興のためのＩＴ開発を支援する「Hack For Japan」、被災地における生活支援のデザインやアイデアをｗｉｋｉで収集する「OLIVE PROJECT」、博物館、美術館、図書館、文書館、公民館といった公共施設に関する被災・救援情報サイト「saveMLAK」、被災した写真を洗浄、複写、補正し、地域で共有する「思い出サルベージアルバム・オンラインプロジェクト」などが注目に値するものだった。

ツイッターやフェイスブックなどのソーシャルメディアも、新聞やテレビとは異なるリアリティをともなって、再建に向けた確かな希望を媒介していた。主に応急期における成果や課題については、荻上チキ『検証 東日本大震災の流言・デマ』（光文社新書、二〇一一年五月刊行）、小林啓倫『災害とソーシャルメディア』（マイコミ新書、二〇一一年七月刊行）などでいち早く考察された。

その反面、甚大な被害を受けた地域では、チラシや貼り紙、掲示板といった原初的なメディアが大きな役割を果たした。手書きの壁新聞をいち早く避難所やコンビニに貼り出した石巻日日新聞の活動は、海外でも大きく紹介された。ＣＡＴＶやコミュニティＦＭも、局自体が致命的な損害を被りながらも、今日まで奮闘している。こうした「地域メディア」が、ソーシャルメディアを試験的に活用した事例も目立った。被災者に対する情報伝達の回路を補完するだけでなく、地域の外に向けた情報発信の意味合いも大きい。

もっとも、地震と津波、そして原発事故によって地域社会が徹底的に破壊され、共同体の存続自体が危ぶまれる集落も散見された。後世に向けた記録保存の重要性が指摘され、さまざまな実践がおこなわれているが、単にメディアが情報伝達の手段であることを超えて、共同体の維持と再生のためにできることは何だろうか。本章では、過去の自然災害とメディアとの関係を補助線に、長きにわたる復旧／復興を支える「特別な共同体」を継続的に駆動していくために、インターネットに課せられた今後の課題を考えたい。

2　震災復興期のメディア変容——ラジオと関東大震災（一九二三年）

阪神・淡路大震災は、インターネットや携帯電話が爆発的に普及する目前の惨事だった。その後、政府や地方自治体はネットを新しい通信基盤技術と位置づけ、これを活用した災害情報システムを急速に整備していく。たとえば、厚生労働省は広域災害・救急医療情報システムの実用化を進めてきたし、携帯電話が普及してからは、その通信網を利用したシステムのあり方も模索されてきた。原子力発電所を抱える自治体のなかには、原発事故を想定して、市民の携帯電話にメールで警告を通知するシステムを構築した事例もある。東日本大震災においても、行政による災害情報の発信手段として、ソーシャルメディアが（巧拙はあったにせよ）積極的に活用された。

震災復興期はその都度、新しいメディアが国家的な情報基盤として採用されていく大きな転機になる。その最たる事例は関東大震災であろう。

一九二三年九月一日、関東地方が大地震に見舞われたのは、日本でラジオ放送が始まる目前のことだった。混乱に乗じた治安の悪化、流言蜚語にともなう虐殺事件など、二次被害も甚大だった。

新聞紙上にも虚報が飛び交い、政府は告知宣伝文を街頭に貼り出して事態の沈静化を図った。多くの人びとが後年、「もしあの時、既にラジオが普及していたら……」と悔しく思ったことだろう。

日本のラジオはもともと、民間資本のもとで発展する機運が高まっていた。アメリカで世界初のラジオ局ＫＤＫＡが誕生したのは一九二〇年。その熱気が日本に輸入されると、有力新聞社と連携して実験放送をおこなうアマチュア無線家が相次いで現れた。逓信省は一九二二年、ラジオの特性が行政機構に馴染まず、将来の見通しも明らかでないことから、放送事業を民営とすることを決定していた。

ところが震災以後、状況が一変する。それまでラジオに対して受け身の姿勢だった政府が、急速に規制を強化していったのである。逓信省に放送事業計画を出願した者は全国で六四件に達したが、結局、非営利の社団法人に統合されることが決まった。そして一九二五年、東京放送局（ＪＯＡＫ）、大阪放送局（ＪＯＢＫ）、名古屋放送局（ＪＯＣＫ）が相次いで開局。三都市の放送局はそれでも当初、民間資本を基盤とする独立の経営組織として、それぞれ自主的な放送をおこなっていたが、その翌年、逓信省のさらなる方針転換によって、三局を統合するかたちで日本放送協会が設立された。放送事業は強力な国家統制のもとに置かれ、全国一元的な放送網が一九二八年に完成する。現在から振り返ってみると、日本のマスメディアの中央集権的な「戦後レジーム」はこの頃、ラジオを皮切りに確立が始まったといっても過言ではない。

太平洋戦争中には、それまで各都道府県に複数あった新聞が、県庁所在地を拠点とする新聞社のもとに統合される。戦時下の資源不足にともなう用紙統制という建前、言論を効率よく統制しようという本音。石巻日日新聞は戦時中、この政策によって一度は解散を余儀なくされるが、記者たちが密かに手書きの新聞を配布していたという言い伝えがあるという(1)。戦後、石巻日日新聞は復刊を果したが、全国的には県ごとに一紙の有力紙があるという大勢は変わらぬまま、今日に至っている。

そして戦後、国家の厳しい管理下に置かれていた無線は、民間放送に対する免許の交付が始まるとともに、日本電信電話公社が主導する周波数帯の新規開拓によって、少しずつ規制が緩和されていった。ただし、民間放送は地域置局を原則としつつも、ほとんどの番組が大都市のキー局や準キー局から地方局に供給されるという画一的な仕組みが確立する。その反面、人びとの生活圏に根ざした小さなメディアが育ちにくい状況が続いた。

自然災害とマスメディアとの関わりを歴史的に振り返ると、被災地域の拡がりに応じて柔軟に情報を伝達することの困難が見えてくる。災害時に重要なのは、地域に根ざしたきめ細かい情報の交換や共有、被災者どうしの相互扶助を支えるメディアの存在である。関東や近畿などの広域圏、あるいは県域を対象に報道する新聞社や放送局では、市町村ごとの具体的な情報を流すことは難しい。そこで災害多発地帯では市町村の防災行政無線が今日まで活躍してきたが、費用の問題で整備は順調ではなかった。

こうした状況と相まって、県域よりも小さな単位で運営される「地域メディア」あるいは「コミユニティメディア」の必要性が本格的に認識されるようになるのは、七〇年代に入ってからのことである。

3　「道具的災害文化」から「表現的災害文化」へ——CATVによる災害報道

一九七八年一月に発生した伊豆大島近海地震のさい、静岡県下田市の「下田有線テレビ放送」（→第10章）は、行政機関から収集した被害状況やライフラインの復旧状況を、手書きのテロップを用いて伝えた。その北部、東伊豆町の「東伊豆有線テレビ放送」も、一ヶ月にわたって実にきめ細かい放送をおこなった記録が残っている(2)（図12－1）。

一九七二年に有線テレビジョン放送法が成立し、翌年から郵政大臣による施設の設置認可が始まった。この法律の施行を受けて、「稲取有線テレビ共同聴視組合」を母体に、東伊豆町内にある六軒の電器店が中心となって、一九七三年に設立されたのが東伊豆有線テレビ放送である。翌年から自主放送に取り組み、開局直後に始めた町議会中継は、全国初の試みだったという(3)。日常的には、幼稚園の運動会がトップニュースになるような、小さな町の牧歌的な放送であった（図12－2）。

ところが、一九九五年の阪神・淡路大震災において、避難者の情報行動に関する複数の調査結果によれば、「役に立った情報の入手先」としてCATVが果たした役割はきわめて小さかったことが明らかになっている。被災地ではマスメディアに次いで、口コミや貼り紙といった原初的な手段

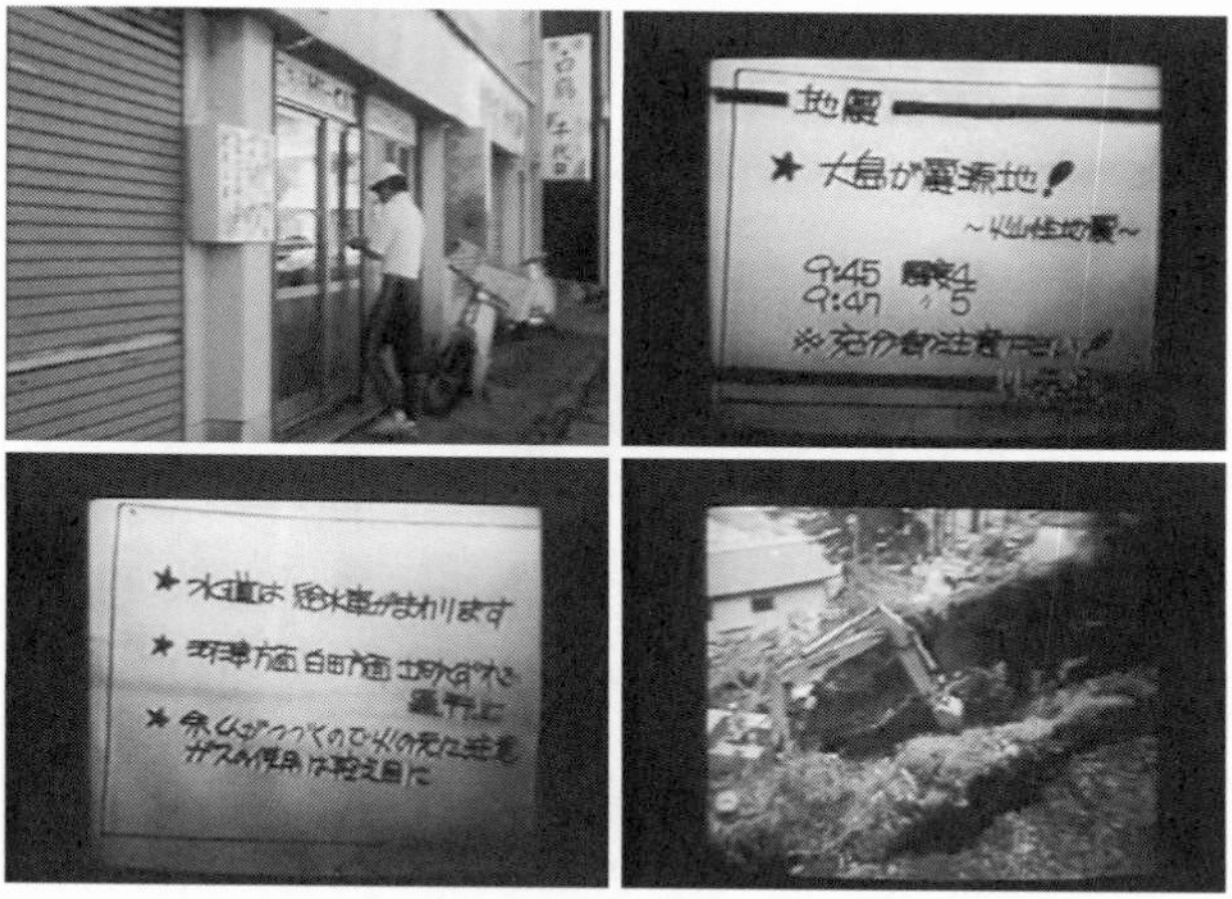

図 12-1　東伊豆有線テレビ放送　伊豆大島近海地震のさいに活躍
映像提供：Aske Dam 氏

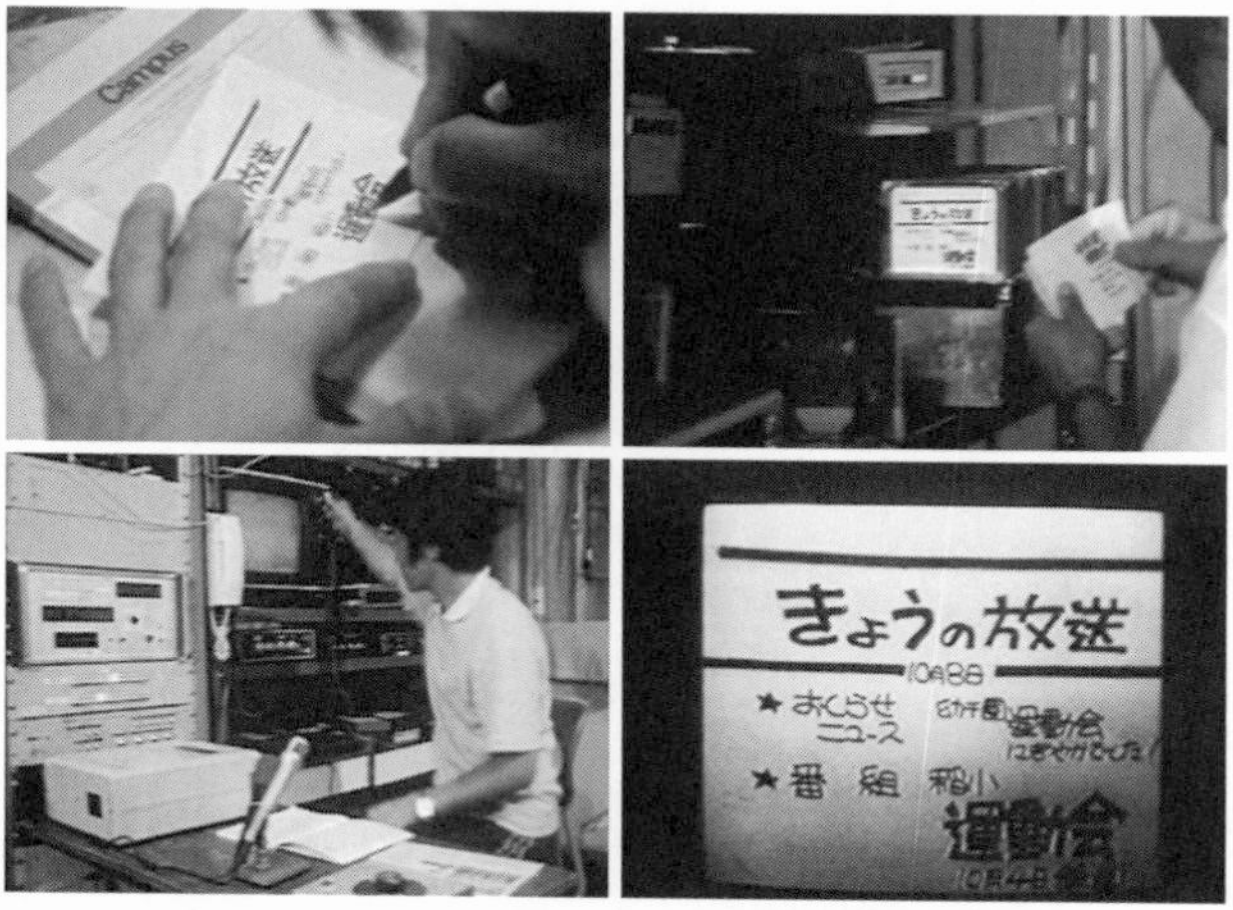

図 12-2　東伊豆有線テレビ放送　平常時の手書きテロップ
映像提供：Aske Dam 氏

を信頼していた人びとが多かった（平塚 2005）。戦後レジームのもとで経営面の均質化が進んでいくなか、自主放送が必ずしも軽視されていたわけではないが、災害情報システムとして本格的に整備が進んでいくのは、この震災以降のことである。

それでも東日本大震災においては、局舎や幹線が未曾有の損害を被り、災害情報システムとしての機能を果たせなかったCATVもあった。「気仙沼ケーブルテレビ」「三陸ブロードネット」「宮城ケーブルテレビ」の三局は、停電と局舎の損壊などによって放送を停止。しかしその後、震災の爪痕を風化させないために、被災者の痛みや苦しみ、喜びや悲しみを記録し、共有していくことに特化した取材活動を続けた。「役に立った情報の入手先」とは別の観点から、CATVの役割は評価されるべきだろう。

災害社会学によれば、災害多発地帯における人間行動には特有の傾向がみられ、人びとのあいだで生活の知恵が共有されるとき、これを「災害下位文化（disaster subculture）」と呼ぶことがある。災害下位文化はさらに、被災者が適切に行動するための知識や技能を意味する「道具的（instrumental）」文化と、人びとの不安や恐怖を和らげ、連帯感を深めるための「表現的（expressive）」文化に分けられる(4)。応急期の災害報道や非常通信はいずれも、人びとが災害から身を守るために必要な情報を提供するという点で、主として道具的である。

それに比べて地域メディアは、災害情報の伝達機能とは別に、表現的文化の醸成を地道に支える役割に向いている。たとえば東北地方では、リアス式海岸の浜ごとに小さな集落が点在するなかで、地方紙の販売店が共同体を支える中核のひとつになっていることも珍しくない。「集金に行くと、読者が震災のことも含めいろいろと話すので、ついつい時間がかかる」という。[(5)] 災害情報システムとしては今後、インターネットが担う役割がますます大きくなるに違いないが、頑健性や速報性ばかりがメディアの有用性ではない。

共同体を駆動する儀礼的な文化装置としてメディアを捉えるという視座は、八〇年代以降のメディア研究のなかで確実に定着しているが、災害情報の効果的な伝達を主たる命題とする災害情報学のパラダイムには、それほど反映されてこなかった。しかし大災害のあと、地域共同体のアイデンティティを回復するために、人びとが地域のなかで有機的につながり、物語ることのできる場を育てていくための核として、地域メディアに期待される役割は大きい。

4　消費社会のメディアから、地域社会のメディアへ——ミニFMによる災害報道

東日本大震災において、地域メディアのなかで機動性を発揮したのは、コミュニティFMである。局舎が被災した「ラジオ石巻」が非常用電源で放送を続けたほか、複数の局が災害報道で活躍した。また、開局準備中だった岩手県宮古市をはじめ、複数の自治体が臨時災害FM局を設置した。

コミュニティFMが、放送法の改正にともなって制度化されたのは九〇年代初頭のことだが、その成り立ちはCATVとは随分異なっている。本書で既に述べてきたとおり、地域社会に資するこ

とを目的に登場したCATVの自主放送（→第10章）とは対照的に、八〇年代初頭、若者たちの個人的な楽しみから生まれ、全国的な流行現象となったのが「ミニFM」である。しかし結局、濃密な人間関係に支えられた一部の人気局を除くと、わずか数年の流行現象に終わってしまった（→第11章）。

こうして一度は廃れたはずのミニFMが、阪神・淡路大震災の被災地で突如、地域メディアとしてよみがえる。在日外国人のための臨時局が迅速に仮設されたのである。まず、関東大震災で生じたような二次被害を案じた大阪の在日外国人が、神戸市長田区にバイクで持ち込んだ機材によって、韓国・朝鮮語と日本語による「FMヨボセヨ」を始め、その後、ベトナム語、英語、タガログ語、スペイン語、日本語による「FMユーメン」が開設された。外国人に対する災害情報の提供だけではなく、復旧を視野に入れた問題解決を目指していたという。この二局は半年後に合併して「FMわぃわぃ」となり、震災の一年後にはコミュニティFM局の認可を得た。応急時の救援活動を経て、日常のまちづくりに目的が移行し、多文化放送局として二〇一六年まで放送を続けた（現在はインターネットラジオのみ）。メディアの存在の仕方は、それが置かれた文化状況に応じて大きく異なることを象徴している。

コミュニティFMはその後、CATVとよく似た展開を遂げることになる。当初は観光やレジャーに関する放送に関心が集まっていたが、阪神・淡路大震災におけるミニFMの活躍にならい、災害情報システムとしての役割が行政主導で見出されていく。一過性の流行現象に終わってしまった八〇年代のミニＦＭとのあいだには大きな断絶があるが、個人的な楽しみとして営まれているソーシャルな表現活動が、非常時においては公益的で利他的な支援活動にシームレスに転化するという事態は、やがてはインターネット上で現実化する。二〇〇〇年代を通じて、2ちゃんねるなどの電子掲示板、あるいはブログやＳＮＳを活用した、拡がりのある参加型の支援活動（情報ボランティア）が急速に定着していったことは、周知の通りである。しかし正念場は、これからの復興の過程に他ならない。

5　インターネットは地域メディアを刷新できるか

ソルニットは、災害にともなって発生した相互扶助的な共同体が、平常時に活かされることが容易でないことも示している。個人主義的で流動性が高い現代社会では、日常における想像力は私生活に振り向けられ、市民が消費者と定義し直され、社会的なものへの参加が萎縮する傾向が強い。災害はわれわれに別の社会を垣間見させてくれるかもしれないが、その可能性を平常時に認識できるかどうか。「ただし、これは将来、平常時があればの話である」（Solnit 2009＝2010）。

地域メディアは近年、インターネットの発展とともに日常的には停滞し、たとえ経営は堅調に推移していたとしても、将来的に大きな困難に直面することは否めない。地域メディアの新しい情報基盤としてネットが積極的に活用され、大きな成果をあげている事例は枚挙にいとまがないが、ネットは個人を「地理的範囲」を越えて多様な「関心連携」に連れ去ってしまい、双方のあいだにずれを生じさせてしまうというジレンマがある（河合 2009）。

それでも、地域メディアが被災地の表現的文化を主体的に支えながら、ソーシャルメディアとマッシュアップ的な補完関係を粘り強く築いていくことが望ましい。東日本大震災の直後、マスメディアとネットメディアが対立を超えて連動すべきというヴィジョンは、多くの論者によって提示されていたが[6]、地域メディアとネットメディアの関係についても同じことが言えるだろう。復興政策をめぐる合意形成、風評被害の解消、そして原発事故をめぐる政治的論議など、被災地の当事者意識に準拠しつつも、地理的範囲を越えた広域的な議論や連帯が求められる場合、地域メディアによる議題設定や取材活動を、ネットを通じて広く媒介していくことは重要な意味を持つはずだ。被災地に対する想像力やシンパシーを長くはぐくみ、持続可能な復興支援の道筋を切り開いていくために。

謝辞

本章は、ＪＳＰＳ科研費（23701010／研究代表者：飯田豊）と、財団法人電気通信普及財団「技術思想としてのアマチュアリズム」（研究代表者：飯田豊）の助成を受けた研究成果の一部である。

注

（1）林香里・畑仲哲雄「取材報告：被災地の小さなメディアを訪問（下）」https://web.archive.org/web/201

3052008 0748/http://www.hayashik.iii.u-tokyo.ac.jp/ jp_news/community_media_disaster_report2/（二〇一九年一二月一五日アクセス）

（2）七〇年代の同局に関する記録映像（掲載写真）は、アスケ・ダムとリチャード・ヴァーナーが取材・撮影したものであり、一九七九年にDR（デンマーク放送）でドキュメンタリー番組として放送された。

（3）http://www.hicat.co.jp/keireki.htm（二〇一九年一〇月二九日アクセス）

（4）アメリカの災害社会学者であるウェンガー（Wenger, D.）らによって七〇年代に提唱された。林（1988）を参照。

（5）『文化通信』二〇一一年四月二五日号。

（6）たとえば、武田（2011）を参照。

参考文献

林春男（1988）「災害文化の形成」安倍北夫・三隅二不二・岡部慶三編『自然災害の行動科学』福村出版

平塚千尋（2005）『災害情報とメディア（第2版）』リベルタ出版

河井孝仁（2009）「構造としての地域」河井孝仁・遊橋裕泰編『地域メディアが地域を変える』日本経済評論社

小林啓倫（2011）『災害とソーシャルメディア——混乱、そして再生へと導く人々の「つながり」』マイコミ新書

荻上チキ（2011）『検証 東日本大震災の流言・デマ』光文社新書

武田徹（2011）『原発報道とメディア』講談社現代新書

Solnit, R.（2009）*A Paradise Built in Hell: The Extraordinary Communities That Arise in Disaster*, Viking Adult.＝（2010）高月園子訳『災害ユートピア——なぜそのとき特別な共同体が立ち上がるのか』亜紀書房

おわりに

筆者にとって本書は、『テレビが見世物だったころ――初期テレビジョンの考古学』（青弓社、二〇一六年）に続く二冊目の単著であり、初めての論文集である。本書に収録している文章のほとんどは、前著の刊行から四年のあいだに執筆したものである（第12章は東日本大震災が発災した二〇一一年に、第1章は二〇一三年に執筆している）。振り返ってみると、みずから企画・編集した書籍に掲載するために書いたもの、研究仲間が企画・編集した書籍に寄稿したもの、職場の同僚と一緒につくった書籍に書いたもの、商業誌からの依頼を受けて書いたものなど、執筆の動機や経緯はそれぞれ異なっている。それにもかかわらず、本書の冒頭で述べたとおり、日本におけるメディア論的思考の歴史的地層に関心を向けている点で、いずれの仕事にもつながりがあると考えている。二〇一八年から放送大学で、水越伸先生（東京大学）、劉雪雁先生（関西大学）と一緒に「メディア論」の講義を担当することになり、印刷教材と番組教材を制作する過程で、メディア論の系譜を自分なりに整理し直す作業に取り組んでいたことも、本書を制作する動機づけになった。

各論文を本書に再録するにあたって、一冊の書籍としての読みやすさを重視し、いずれも若干の改稿をおこなっている。初出時に刊行されていなかった参考文献も、重要性が高いものを追加している。転載を快諾してくださった各出版社（青土社、河出書房新社、ミネルヴァ書房、講談社、東京大学出版会、青弓社、ナカニシヤ出版、インプレス）および研究機関（立命館大学産業社会学会、情報科学芸術大学院大学［ＩＡＭＡＳ］）、そして拙稿をご担当くださった編集者の皆さまに、まずは感謝を申し上げたい。

そして本書の編集を担当してくださった勁草書房編集部の鈴木クニエさんには、当初の予定より大幅に改稿作業が遅れてしまい、多大なご迷惑をお掛けしてしまった。本書の完成まで辛抱強くお付き合いくださり、まことにありがとうございました。また、改稿の作業にあたっては、平石貴士さんにお手伝いいただいた。粘り強く付き合ってくれて、どうもありがとう。

そして本書の刊行にあたっては、立命館大学産業社会学会の二〇一九年度学術図書出版助成を受けている。深く謝意を表したい。

二〇一九年一一月七日　京都にて

飯田　豊

初出一覧（いずれも若干の改稿をおこなっている）

第1章　「マクルーハン、環境芸術、大阪万博――60年代日本の美術評論におけるマクルーハン受容」『立命館産業社会論集』四八巻四号、二〇一三年

第2章　「メディアのなかの考現学――アカデミズムとジャーナリズム、エンターテインメントの狭間で」『現代思想』二〇一九年七月号

第3章　「インターネット前夜――情報化の〈触媒〉としての都市」大澤聡編著『1990年代論』河出ブックス、二〇一七年

第4章　「放送文化の民俗学――六輔さすらいの旅、その射程」『ユリイカ』二〇一六年一〇月号

第5章　「送り手のメディア・リテラシー――二〇〇〇年代の到達点、一〇年代の課題と展望」浪田陽子・柳澤伸司・福間良明編著『メディア・リテラシーの諸相――表象・システム・ジャーナリズム』ミネルヴァ書房、二〇一六年

第6章　「地上波とネットテレビの「深刻な断絶」～歴史を振り返ってみると…――なぜハラスメントが横行するのか」『現代ビジネス』（ウェブサイト）講談社、二〇一八年

第7章　「大阪万博以後――メディア・イベントの現代史に向けて」飯田豊・立石祥子編著『現代メディア・イベント論――パブリック・ビューイングからゲーム実況まで』勁草書房、二〇一七年

第8章　「メディア・イベントの可能態――藤幡正樹《Light on the Net》を解読する」『情報科学芸術大学院大学紀要』第九巻、二〇一八年

第9章　「遍在するスクリーンが媒介する出来事――メディア・イベント研究を補助線に」光岡寿郎・大久保遼編『スクリーン・スタディーズ――デジタル時代の映像／メディア経験』東京大学出版会、二〇一九年

第10章　「ＤＩＹとしての自主放送――初期ＣＡＴＶの考古学」神野由紀・辻泉・飯田豊編著『趣味とジェンダー――〈手づくり〉と〈自作〉の近代』青弓社、二〇一九年

第11章　「「ポストメディア」の考古学――ミニＦＭをめぐる思想と実践を手がかりに」岡本健・松井広志編『ポスト情報メディア論』ナカニシヤ出版、二〇一八年

第12章　「震災後の地域メディアをＩＴはエンパワーできるか――道具的文化から表現的文化へ」コンピューターテクノロジー編集部編『ＩＴ時代の震災と核被害』インプレス選書、二〇一一年

人名索引

カ　行

サ　行

マ　行

ヤ　行

ラ　行

ワ　行

事項索引

タ　行

ナ　行

ハ　行

著者略歴

1979年生まれ。東京大学大学院学際情報学府博士課程単位取得退学。現在、立命館大学産業社会学部准教授。主な著作に、『テレビが見世物だったころ――初期テレビジョンの考古学』（青弓社、2016年）、『メディア論』（共著、放送大学教育振興会、2018年）、『メディア技術史――デジタル社会の系譜と行方［改訂版］』（編著、北樹出版、2017年）、『現代メディア・イベント論――パブリック・ビューイングからゲーム実況まで』（共編著、勁草書房、2017年）、『現代文化への社会学――90年代と「いま」を比較する』（共編著、北樹出版、2018年）、『趣味とジェンダー――〈手づくり〉と〈自作〉の近代』（共編著、青弓社、2019年）など。

メディア論の地層

1970大阪万博から2020東京五輪まで

2020年2月20日　第1版第1刷発行

著者　飯《いい》田《だ》　豊《ゆたか》

発行者　井村寿人

発行所　株式会社　勁《けい》草《そう》書房

112-0005 東京都文京区水道2-1-1　振替 00150-2-175253
（編集）電話 03-3815-5277／FAX 03-3814-6968
（営業）電話 03-3814-6861／FAX 03-3814-6854
三秀舎・松岳社

ISBN978-4-326-65425-3　Printed in Japan

飯田豊・立石祥子 編著
現代メディア・イベント論
パブリック・ビューイングからゲーム実況まで
四六判 三〇〇〇円

柴田崇
マクルーハンとメディア論
四六判 二七〇〇円

轡田竜蔵
地元暮らしの幸福と若者
四六判 三六〇〇円

浅野智彦 編
検証・若者の豹変 失われた10年の後に
四六判 二四〇〇円

牧野智和
自己啓発の時代 「自己」の文化社会学的探求
四六判 二九〇〇円

牧野智和
日常に侵入する自己啓発 生き方・手帖術・片付け
四六判 二九〇〇円

米澤泉
女子のチカラ
四六判 二四〇〇円

＊表示価格は二〇二〇年二月現在。消費税は含まれておりません。